国家重点图书

专家为您答疑丛书

农家生态旅游百问百答

黄国勤　主编

中国农业出版社

图书在版编目（CIP）数据

农家生态旅游百问百答/黄国勤主编．—北京：中国农业出版社，2010.5

ISBN 978-7-109-14532-0

Ⅰ.①农…　Ⅱ.①黄…　Ⅲ.①乡村—生态型—旅游—问答　Ⅳ.①F590.7-44

中国版本图书馆 CIP 数据核字（2010）第 074408 号

中国农业出版社出版
（北京市朝阳区农展馆北路 2 号）
（邮政编码 100125）
责任编辑　舒　薇

中国农业出版社印刷厂印刷　　新华书店北京发行所发行
2011 年 4 月第 1 版　　2011 年 4 月北京第 1 次印刷

开本：850mm×1168mm　1/32　　印张：8
字数：195 千字　　印数：1～6 000 册
定价：18.00 元

本书编委会

主　　编：黄国勤（江西农业大学）

副 主 编：曹林奎（上海交通大学）

严力蛟（浙江大学）

董召荣（安徽农业大学）

姚　珍（南昌工程学院）

编写人员：

黄国勤　曹林奎　严力蛟　董召荣

姚　珍　蔡哓哓　黄秋萍　杨书运

黄　婷　董　萍　苏萤雪　乌玲瑛

目 录

一、农家生态旅游概述

1. 什么是旅游？

旅游（Tour）来源于拉丁语的“tornare”和希腊语的“tornos”，其含义是“车床或圆圈；围绕一个中心点或轴的运动。”这个含义在现代英语中演变为“顺序”。后缀- ism 被定义为“一个行动或过程；以及特定行为或特性”，而后缀- ist 则意指“从事特定活动的人”。词根 tour 与后缀- ism 和- ist 连在一起，指按照圆形轨迹的移动，所以旅游指一种往复的行程，即指离开后再回到起点的活动；完成这个行程的人也就被称为旅游者（Tourist）。

“旅游”从字义上很好理解。“旅”是旅行、外出，即为了实现某一目的而在空间上从甲地到乙地的行进过程；“游”是外出游览、观光、娱乐，即为达到这些目的所做的旅行。二者合起来即旅游。所以，旅行偏重于行，旅游不但有“行”，且有观光、娱乐的含义。因此，旅游的定义可如下表述：旅游是人们为寻求精神上的愉快感受而进行的非定居性旅行和在游览过程中所发生的一切关系和现象的总和。

2. 关于旅游，有哪些定义？

关于旅游的定义有很多种，这里分别介绍如下：

（1）概念定义。旨在提供一个理论框架，用以确定旅游的基本特点以及将它与其他类似的、有时是相关的，但是又不相同的活动区别开来。国际上普遍接受的艾斯特定义，1942 年，瑞士学者汉沃克尔和克拉普夫指出：“旅游是非定居者的旅行和暂时居留而引起的一种现象及关系的总和。这些人不会因而永久居留，并且主要不从事赚钱的活动。”

（2）技术定义。用它来为统计和立法提供旅游信息。各种旅游技术定义所提供的含义或限定在国内和国际范畴上都得到了广泛的应用。技术定义的采用有助于实现可比性国际旅游数据收集工作的标准化。世界旅游组织和联合国统计委员会推荐的技术性的统计定义：旅游指为了休闲、商务或其他目的离开他（她）们惯常环境，到某些地方并停留在那里，但连续不超过一年的活动。旅游目的包括六大类：休闲、娱乐、度假；探亲访友；商务、专业访问；健康医疗；宗教/朝拜；其他。

（3）交往定义。1927 年，德国的蒙根·罗德对旅游的定义，旅游从狭义的理解是那些暂时离开自己的住地，为了满足生活和文化的需要，或各种各样的愿望，而作为经济和文化商品的消费者逗留在异地的人的交往。注意：这个定义强调的是：旅游是一种社会交往活动。

（4）目的定义。20 世纪 50 年代，奥地利维也纳经济大学旅游研究所对旅游的定义，旅游可以理解为是暂时在异地的人的空余时间的活动，主要是出于修养；其次是出于受教育、扩大知识和交际的原因的旅行；再是参加这样或那样的组织活动，以及改变有关的关系和作用。

（5）时间定义。1979 年，美国通用大西洋有限公司的马丁·普雷博士在中国讲学时，对旅游的定义为，旅游是为了消遣而进行旅行，在某一个国家逗留的时间至少超过 24 小时。注意：这个定义强调的是，各个国家在进行国际旅游者统计时的统计标准之一：逗留的时间。

（6）相互关系定义。1980 年，美国密执安大学的伯特·麦金托什和夏西肯特·格波特对旅游的定义，旅游可以定义为在吸引和接待旅游及其访问者的过程中，由于游客、旅游企业、东道政府及东道地区的居民的相互作用而产生的一切现象和关系的总和。注意：这个定义强调的是：旅游引发的各种现象和关系，即旅游的综合性。

（7）生活方式定义。我国经济学家于光远 1985 年对旅游的定义为，旅游是现代社会中居民的一种短期性的特殊生活方式，这种生活方式的特点是：异地性、业余性和享受性。

（8）“游憩中国网”定义。旅游的内涵——旅游是人们在非定居的城市、乡村、景区和度假区围绕生态、文化、康体、游乐等功能进行的游憩活动。旅游的外延——旅游应包括：旅游目的地、旅游产业、旅游项目、旅游产品等由大到小的一系列范畴。

3. 旅游是由谁发明的？是从何时开始的？

旅游的先驱是商人，最早旅游的人是海上民族腓尼基人。

旅行作为一种社会行为，古代即已存在，中国是世界文明古国之一，旅行活动的兴起同样居世界前列，中国早在公元前 22 世纪就有了。当时最典型的旅行家大概要数大禹了，他为了疏浚九江十八河，游览了大好河山。之后，就是春秋战国时的老子、孔子二人了。老子传道，骑青牛西去。孔子讲学周游列国。汉时张骞出使西域，远至波斯（今伊朗和叙利亚）。唐时玄奘取经到印度，明时郑和七下西洋，远至东非海岸，还有大旅行家徐霞客作了游记。

4. 何谓旅游“三要素”？

人们常常将出游的目的、旅行的距离和逗留的时间称作旅游“三要素”。

（1）对出游目的的定义。以该尺度为基础的定义旨在涵盖现代旅游的主要内容。包括：

一般消遣性旅游：非强制性的或自主决定的旅游活动。他们只把消遣旅游者视为旅游者，并且有意把商务旅游单列出去。

商务和会议旅游：往往是和一定量的消遣旅游结合在一起的。参加会议公务旅游也被视为旅游。

宗教旅游：以宗教活动为目的的出行活动。

体育旅游：与重大体育活动联系在一起的旅游。

互助旅游：新兴的一种旅游方式，通过互相帮助、交换等互助的方式，一方为另一方提供住宿，互助旅游不但节省了旅费，而且因为当地人的介入，更深入地体验当地的人文和自然景观。

（2）对旅行距离的定义。异地旅游（Non-Local Travel）：许多国家、区域和机构采用居住地和目的地之间的往返距离作为重要的统计尺度。旅行距离确定的标准差别很大，从0到160千米不等。低于所规定的最短行程的旅游在官方旅游估算中不包括在内，标准具有人为和任意性。

（3）对逗留时间的定义。过夜游客：为了符合限定“旅游者”的文字标准，大多数有关旅游者和游客的定义中，都包含有在目的地必须至少逗留一夜的规定。“过夜”的规定就把许多消遣型的“一日游”排除在外了，而事实上，“一日游”往往是旅游景点、餐馆和其他的旅游设施收入的重要来源。

5. 旅游有哪些特征？

旅游具有以下特征：

（1）异地性。旅游是在异地的暂时性的生活方式，不能离开居住地到目的地永久居住。但可以住多久，他并未说明，也未提出具体的划分标准。不过定义中已包含了这层意思，这样就可把平时在自己居住地方的日常生活区别开了。

（2）业余性。提出了旅游的业余性这一特点。业余性就是许多国家学者讲的闲暇性。这种提法，从主观目的上是想把为业务目的旅行、考察活动摒弃于旅游之外，但是为科学目的的考察，不论在古今中外都是一种旅游项目。因为旅游目的之一就是“求知”，既包括业余性的求知，也包括业务范围内的旅游求知活动。因此，对旅游的业余性规定大体是正确的，但在实际中又难以区分。特别是在我国，利用开会、出差旅游的人很多。据统计，到北京来旅游的人，41%是会务旅游者。外国利用国际会议旅游的人也很多，如 1985 年，在法国巴黎召开的国际会议有 274 个，英国伦敦 238 个，比利时布鲁塞尔 219 个，瑞士日内瓦 212 个。这些参加国际会议的人，既是为了某一专业目的而去的会务者，也是一个利用会议参加旅游活动的游览者。英、法、比等国家正是利用这种方式，获得了一笔可观的旅游收入。如 1985 年巴黎举行国际会议收入 70 亿法郎，其中 30 亿法郎为专题会议收入。

（3）享受性。旅游是一种高级的精神享受，是在物质生活条件获得基本满足后出现的一种追享欲求。有一位社会学家说，旅游者的心理中有“求新、求知、求乐”这样三条，这是旅游者心理的共性。旅游者不远千里而来，就是想领略异地的新风光、新生活，在异地获得平时不易得到的知识与快乐。

（4）知识性。旅游给大家带来很多见识，增进了对各地的了解，丰富了人文知识。这才是旅游的真谛！

（5）休闲性。目前高速运转的生活工作频率，使人越来越感到生活压力过大，所以需要在一些假日放松自己，到海滨城市享受阳光、沙滩、大海、蓝天和白云。

6. 旅游可分为哪些类型？

（1）按地理范围分类。按旅游者到达目的地的地理范围划分，旅游活动可以分为国际旅游和国内旅游。

国际旅游。国际旅游是指跨越国界的旅游活动，分为入境旅游和出境旅游。入境旅游是指他国公民到本国进行的旅游活动，出境旅游是指本国公民到他国的旅游活动。

国内旅游。国内旅游是指人们在居住国内进行的旅游活动，包括本国公民在国内的旅游活动，也指在一国长期居住、工作的外国人在该国内进行的旅游活动。从旅游发展的历程看，国内旅游是一国旅游业发展的基础，国际旅游是国内旅游的延伸和发展。

（2）按旅游性质和目的分类

按旅游性质和人们出游的目的划分，旅游活动可分为六大类：

一是休闲、娱乐、度假类。属于这一类旅游活动的有观光旅游、度假旅游、娱乐旅游等。

二是探亲、访友类。这是一种以探亲、访友为主要目的的旅游活动。

三是商务、专业访问类。属于这一类的旅游活动有商务旅游、公务旅游、会议旅游、修学旅游、考察旅游、专项旅游等，也可将奖励旅游归入这一类，因为奖励旅游与游客个人职业及所在单位的经济活动存在紧密关系。

四是健康医疗类。主要是指体育旅游、保健旅游、生态旅游等。

五是宗教朝圣类。主要是指宗教界人士进行的以朝圣、传经布道为主要目的的旅游活动。

六是其他类。上述五类没有包括的其他旅游活动，例如探险旅游等。

（3）按人数分类。按参加一次旅游活动的人数划分，旅游活动可分为团队旅游、散客旅游和自助旅游。

团队旅游。团队旅游是由旅行社或旅游中介机构将购买同一旅游路线或旅游项目的10名以上（含10名）游客组成旅游团队进行集体活动的旅游形式。团队旅游一般以包价形式出现，具有方便、舒适、相对安全、价格便宜等特点，但游客的自由度小。

散客旅游。散客旅游是由旅行社为游客提供一项或多项旅游服务，特点是预定期短、规模小、要求多、变化大、自由度高，但费用较高。

自助旅游。人们不经过旅行社，完全由自己安排旅游行程，按个人意愿进行活动的旅游形式，例如背包旅游，特点是自由、灵活、丰俭由人，很多人认为自助旅游是一种省钱的旅游方式，旅游内容粗糙，可能会有很多危险，旅馆没有预定会有不安全的感觉，这是一种错误的认识。其实，如果深入了解自助旅游特性，会发现自助旅游是一种相当精致有特色的旅游形态。自助旅游使所有的花费都可依自己的喜好来支配，行程可弹性调整，又可深入了解当地民情风俗。自助旅游绝非玩得多、花得少的旅游方式，而是一种在同一地方花上较多的时间深入了解该地的特色，接触当地的人与事，看自己想看的东西，走自己想走的路。

7. 什么是生态旅游?

“生态旅游”这一术语，最早由世界自然保护联盟（IUCN）特别顾问谢贝洛斯·拉斯喀瑞于1983年首先提出，1993年国际生态旅游协会把其定义为：具有保护自然环境和维护当地人民生活双重责任的旅游活动。这里强调两点：其一，生态旅游的物件是自然景物；其二，生态旅游的物件不应受到损害。

8. 生态旅游有哪些特征?

首先，生态旅游强调保护旅游资源，因此生态旅游是一种可持续的旅游。其次，在生态旅游过程中，人们的身心得以解脱，并促进生态意识的提高。第三，与传统旅游相比，生态旅游具有四个明显特征：

（1）生态旅游的目的地是一些保护完整的自然和文化生态系统，参与者能够获得与众不同的经历，这种经历具有原始性、独特性的特点。

（2）生态旅游强调旅游规模的小型化，限定在承受能力范围之内，这样有利于游人的观光质量，又不会对旅游造成大的破坏。

（3）生态旅游可以让旅游者亲自参与其中，在实际体验中领会生态旅游的奥秘，从而更加热爱自然，这也有利于自然与文化资源的保护。

（4）生态旅游是一种负责任的旅游，这些责任包括对旅游资源的保护责任，对旅游的可持续发展的责任等。由于生态旅游自身的这些特征能满足旅游需求和旅游供给的需要，从而使生态旅游兴起成为可能。

9. 国际上为什么要倡导生态旅游？

在人类面临生存环境危机的背景下，随着人们环保意识的觉醒，绿色运动及绿色消费席卷全球，生态旅游作为绿色旅游消费，一经提出便在全球引起巨大反响，生态旅游的概念迅速普及到全球，其内涵也得到了不断的充实，针对目前生态环境不断恶化的状况，旅游业从生态旅游要点之一出发，将生态旅游定义为“回归大自然旅游”和“绿色旅游”；针对现在旅游业发展中出现的种种环境问题，旅游业从生态旅游要点之二出发，将生态旅游定义为“保护旅游”和“可持续发展旅游”。同时，世界各国根据各自的国情，开展生态旅游，形成各具特色的生态旅游。

10. 世界生态旅游发展状况如何？

世界上，生态旅游发展较好的西方发达国家首推美国、加拿大、澳大利亚等国，这些国家的生态旅游物件从人文景观和城市风光转为谢贝洛斯·拉斯喀瑞所指定的“自然景物”，即保持较为原始的大自然，这些自然景物在其国内定位为自然生态系统优良的国家公园，在国外定位为以原始森林为主的优良生态系统，这就使不少发展中国家成为生态旅游目的地，其中加勒比海地区和非洲野生动物园成为生态旅游热点区域。

根据世界野生动物基金会估计，1988 年，发展中国家旅游收入为 5 500 亿美元，其中生态旅游为 120 亿。在哥斯达黎加，每年接待的国际游客中，几乎半数以上是去欣赏热带雨林的生态旅游者。据世界旅游组织统计，1994 年去非洲的国际旅游者为 1 857.73万人次，其中生态旅游者占相当比例。在西方发达国家，周末和节假日到大自然去旅游已成为一种时尚。

西方发达国家在生态旅游活动中极为重视保护旅游物件。在生态旅游开发中，避免大兴土木等有损自然景观的做法，旅游交通以步行为主，旅游接待设施小巧，掩映在树丛中，住宿多为帐篷露营，尽一切可能将旅游对旅游物件的影响降至最低。在生态旅游管理中，提出了“留下的只有脚印，带走的只有照片”等保护环境的响亮口号，并在生态旅游目的地设置一些解释大自然奥秘和保护与人类信息相关的大自然标牌体系及喜闻乐见的旅游活动，让游客在愉悦中增强环保意识，使生态旅游区成为提高人们环保意识的天然大课堂。

过去，西方旅游者喜欢到热带海滨去休闲度假，热带海滨特有的温暖的阳光（Sun）、碧蓝的大海（Sea）和舒适的沙滩（Sand），使居住于污染严重、竞争激烈的西方发达国家游客的身心得到平静，“三 S”作为最具吸引力的旅游目的地成为西方人所向往的地方。随着生态旅游的开展，游客环保意识的增强，西方游客的旅游热点从“三 S”转向“三 N”，即到“大自然(Nature)”中，去缅怀人类曾经与自然和谐相处的“怀旧(Nostalgic)”情结，使自己融入自然，进入“天堂（Nirvana)”的最高境界。这种旅游更强调的是对自然景观的保护，是可持续发展的旅游。

11. 为促进生态旅游的发展，世界各国采取了哪些行之有效的对策和措施？

为促进生态旅游又好又快的发展，世界上各个国家和地区都采取了一系列行之有效的对策和措施。主要做法有：

（1）立法保护生态环境。例如 1916 年，美国通过了关于成立国家公园管理局的法案，国家公园的管理纳入了法制化的轨道。在英国，1993 年就通过了新的《国家公园保护法》，旨在加强对自然景观、生态环境的保护。自 1992 年里约会议以后，日本就制定了《环境基本法》。1923 年芬兰颁布了《自然保护法》。

（2）制定发展计划和战略。美国在 1994 年就制定了生态旅游发展规划，以适应游客对生态旅游日益增长的需求。澳大利亚斥资 1 000 万澳元，实施国家生态发展战略。墨西哥政府制定了“旅游面向 21 世纪规划”，生态旅游是该规划的重点推介项目。肯尼亚政府在制定的许多重要国家发展策略中，特别将生态旅游视为重点项目。

（3）进行旅游环保宣传。在发展生态旅游的过程中，很多国家都提出了不同的口号和倡议，例如英国发起了“绿色旅游业”运动，日本旅游业协会召开多次旨在保护生态的研讨会，并发表了“游客保护地球宣言”。

（4）重视当地人利益。生态旅游发展较早的国家肯尼亚，在生态旅游发展的过程就提出了“野生动物发展与利益分享计划”。

菲律宾通过改变传统的捕鱼方式，不仅发展了生态旅游业，同时也为当地人提供了替代型的收入来源。

（5）多种技术手段加强管理。许多国家通过对进入生态旅游区的游客量进行严格的控制，并不断监测人类行为对自然生态的影响，利用专业技术对废弃物做最小化处理，对水资源节约利用等等手段以达到加强生态旅游区管理的目的。澳大利亚联合旅游部、澳大利亚旅游协会等机构还出台了一系列有关生态旅游的指导手册。此外，很多国家都实行经营管理的分离制度，实施许可证制度，以加强管理。

12. 什么是农家生态旅游?

以农村自然环境、农业资源、田园景观、农业生产过程、农业生产成果（农产品），以及农业农村的优良传统、民俗风情和乡土文化等为基础，通过整体规划布局、工艺设计，并配之相应的服务体系，从而为人们（旅游者）提供观光、旅游、休闲、休养、增长知识、了解和体验乡村民俗生活；同时，结合季节性的鲜花、蔬菜、瓜果等实地自采现尝，开展趣味性郊游活动，以及参与传统项目、观赏特色动植物和自娱等，将农业、农村、农事活动等有机地结合起来，并融为一体，这是一种新兴的特殊生态旅游形式，即所谓的农家生态旅游。

农家生态旅游的实质是在充分利用现有农村空间、农业自然资源和农村人文资源的基础上，通过以旅游内涵为主题的规划、设计与施工，把农业建设、科学管理、农艺展示、农业产品加工与旅游者的广泛参与融为一体，是旅游者充分体验现代农业与生态农业相结合的新型旅游产业。

与“农家生态旅游”一词意义相同、相似或相近的名词很多，如：农村生态旅游、乡村生态旅游、农业生态旅游、生态旅游农业、乡村旅游、农业旅游、旅游农业、观光农业、休闲农业、乡村游、农家乐，等等。

13. 农家生态旅游有哪些特征？

与一般的旅游活动或旅游方式相比，农家生态旅游具有如下特征：

(1) 功能齐全，效益明显。农家生态旅游为旅游者提供了一定的乡村空间，旅游者在景区内观光、休闲、参与娱乐、品尝美食，甚至亲自劳作，既增长知识，亲近自然，又陶冶情操。农家生态旅游园区内还可举办节日庆典活动，加强游客之间感情交流，传播信息，增进友谊，缩小差距。企业和农民则通过销售产品，提供食宿服务和劳务以增加收入。

(2) 保护环境，持续发展。农家生态旅游的建设严格按照生态农业和有机农业的要求进行生产，只允许在残留有害物质规定标准范围内适量的使用化肥、农药，其产品为无公害的、安全、营养的绿色保健食品，大量减少了对环境的污染，生态环境优美，生物多样性在这里得以充分体现，植被覆盖率也大大高于一般农区。这种生态环境的保护与利用相结合，适当注重社会效益和经济效益的做法，遵循了农业发展的规律，符合农民的利益，使农业走向一条健康的持续发展道路。

(3) 回归自然，身心享受。工业化的飞速发展导致城市污染的加剧，快节奏的城市生活使人们的精神日趋紧张，人们渴望亲近自然，回归自然，使自己的身心得到真正的放松和享受。农家生态旅游满足了城乡居民的这一要求，它用生态学、美学和经济学理论来指导农业生产，通过合理规划布局，自然调节和人工调节相协调，使农业生态系统进入良性循环，具有生产、加工、销售、疗养、旅游娱乐等综合功能。农业与旅游业的结合不是简单的转换，而是把农业中（种植业、养殖业、林业、牧业、渔业等）具有旅游资源部分的功能进行整合发掘和利用，使它充分满足人们回归自然、返璞归真的个性化需求。

(4) 科技特色，高效农业。农家生态旅游具有高科技特色，它是现代高产、优质、高效、低耗、生态、安全农业的具体体现，尤其在一些大型农家生态旅游园区，大片土地通过平整与规划，用先进农业技术进行开发，由掌握先进技术的人来管理，造成具有相当规模、各具特色的农业整体，成为具有较高的先进农业技术支持和科学管理手段的新型农业。这种农业不论在优质品种、栽培管理技术还是在农业生产工艺、景观外形外貌等方面都是技高一筹，是一般大田农业区无法比拟的，游客在这样的环境中游览，不仅赏心悦目，还能学到科技知识，产生深刻印象。

14. 为什么要发展农家生态旅游?

首先，发展农家生态旅游可以拉动农产品深加工和第三产业发展，吸纳农业和农村剩余劳动力；其次，发展农家生态旅游有助于农民增加收入，促进当地农民脱贫致富奔小康；第三，发展农家生态旅游是实现旅游业可持续发展的有效途径；第四，通过发展农家生态旅游，还可以对下一代起到教育作用，使其懂得节俭，珍惜时间，热爱大自然。

15. 农家生态旅游有哪些形式?

(1) 农产品提供型的农家生态旅游。主要向游客提供当地的特色农产品。一般包括即时采摘、食用型，如广东 80 多座观光果园；提供情趣商品型，如鄂西北某少数民族向游客提供的称为“西兰卡普”的衣服；另一种是提供高科技的特色农产品，如转基因黄瓜、西瓜等。

(2) 农业空间提供型农家生态旅游。利用农业特有环境和空间作为背景和条件开展农家生态旅游活动。一般包括：休闲观光型，如广东珍稀动物养殖场、民俗文化村；农业博览会型，如昆明世博园；农业科技示范园型，如上海农业高科技开发区。

(3) 民风民俗及农村体验型的农家生态旅游。向游客展示当地特有的风俗以及使游客充分体验当地农民的生活。如无锡马山的“生态旅游度假村”，北京某商场在通县搞的“农桑乐”，使都市人充分体验到农民的日常生活。

(4) 综合功能型的农家生态旅游。集以上三种开发形式为一体，向游客提供综合的旅游农业服务。目前，全国综合功能型的农家生态旅游做得比较好的有：湖北的随州、四川的九寨沟和黑龙江的伊春郊区等。

16. 农家生态旅游项目的选择与设计有哪些特点？

农家生态旅游项目的选择与设计应体现以下几个特点：

(1)“土”。充分挖掘传统的农业生产过程、传统的农业设备与设施、传统的农村民俗风情等，展示旅游农业的乡土气息、原始风貌，满足游客的怀旧心理，维系农民情结。

(2)“奇”。通过展示现代农业的最新成果、优良品种、奇花异草、珍稀动物和高科技农业技术手段等，满足游客开阔眼界、增长知识的需求。

(3)“鲜”。通过农村美丽的田园风光、清新的空气和良好的小气候，让游客放松身心，满足其“回归自然、返璞归真”的心理。

(4)“知识”。融入更多的农业知识和农村文化，让游客特别是中小学生得到农业启蒙教育和现代农业知识。

(5)“体验”。结合趣味项目，设计一定的播种、采摘、捕捞等劳动过程，让游客在参与中体验到农业生产的乐趣。

17. 开展农家生态旅游活动需要具备哪些条件?

第一，要有具备开发农家生态旅游的资源基础。农家生态旅游是一种以农业和农村为载体的新型旅游观光农业，必须建立在具有可供旅游观光开发的农业资源基础上，从而把农业资源转化成旅游观光资源，扩大农业资源的功能。

第二，要突破传统农业的生产模式。对传统农业进行加工和包装，把农业生产、科技应用、艺术加工和旅客参与农事活动融为一体，成为一种新型的农业生产经营形态，突破传统农业的生产模式，实现经济效益与社会效益的统一。

第三，要以生态旅游为导向。农家生态旅游是在发展农业生产的基础上，拓宽了生态旅游观光功能，巧妙利用城乡各种差异来规划、设计、组合而引起旅游者消费欲望，使旅游者亲身感受和参与现代农业技术与生态农业等大自然情趣，把现代农业及自然资源景观与旅游资源融为一体，最终达到生产、生活、生态的有机结合，既发展了农业，又保护了环境。

第四，农家生态旅游是生产力发展到一定阶段的产物。伴随着近年来农业产业化发展的新趋势，农业的可持续发展成为人们关注的新兴课题，而旅游业已成为经济发展的新增长点，在此种情况下，经营者迎合当今社会人们追求“个性化”、“生态化”，回归自然，返璞归真的需求心理，把两个领域有机结合起来而成为一个新的产业，是农业和旅游业的进一步延伸，也是农业生产力发展到一定阶段的必然选择。

二、国外农家生态旅游发展概况

1. 农家生态旅游的起源是什么？

对于农家生态旅游来说，溯源有着非常重要的意义。农家生态旅游的出现是建立在城乡差异达到一定程度，利用农村特有的自然风光和传统文化来吸引城市游客的，可见，推动农家生态旅游的一个重要动力就是城镇化。所以，农家生态旅游的兴起最先出现在城镇化比较早、水平比较高的西方发达国家。西方社会在17 世纪经历了工业革命，生产力得到极大的解放，城镇化水平迅速上升，20 世纪中后期进入后工业时期，人们生态意识层次逐渐提高，收入不断增加，这时就拥有了一定的农家生态旅游的客源和市场，农家生态旅游在这个时期得到了长足的发展。

2. 什么是生态意识？

人和人类社会为了自身的快速发展会不断地作用于自然界，产生很多不合理的实践活动，必然造成生态环境的破坏、污染和失衡。对于这些活动和现象，作为生态主体的人和人类社会，总会做出这样或那样的反映和认识。这些反映和认识的总和，就是我们所说的生态意识。人类出现后，天然的生态关系便向人工的生态关系转化，人作为自然界中特殊的自然物，能够制造和使用工具，能够认识和改造自然，使得自然中各种物质的演变急剧加速，朝着对人类有利的方向快速演变。正是由于人类的这种实践活动，从自然界中产生出人工的自然物，逐步形成了人工的生态关系。乡村农家生态旅游的出现正是人类生态意识逐渐苏醒的表现。

3. 人类生态意识经历了怎样的发展过程？

人类生态意识经历了以下几个发展过程：

（1）人类早期生态意识的形成。人类社会的早期，关于人与自然关系的最初猜测，可以视为人类早期朴素的生态意识。古希腊、古罗马哲学的特征之一就是人与自然界协调统一的思想。公元前五、六世纪的自然哲学家认为人类是自然界的一部分，也是自然界发展到一定阶段的产物。人类依靠独特的思维能力是社会进化的结晶。如亚里士多德把植物到动物到人看作不同级别的连续系列，猜测到了人与自然的统一性。他还在其著作《政治学》中，首次较为系统地阐述了人与自然的关系。这些认识和观念具有超现代的启迪意义，可以视其为早期的生态意识。

在人类早期对人与自然关系的生态意识中，贯穿着这样两条基本线索：一方面，人类从有史以来就开始了对自然的盲目适应与被动干预；另一方面，自然以其强大的力量制约着人的认识与行动，并以其生态破坏的后果警示着人类，使得人类对自然环境的影响始终处于一个很低的程度。

（2）生产力的发展影响人类的生态意识。随着生产力的发展以及科学技术的进步，人类进入到种植业、畜牧业和农业文明，这不仅是生产发展史上伟大的革命，而且更是人与自然关系史上的重大飞跃。在这一时期，人类不仅学会更有效地利用自然，而且开始有意识地改造自己的生存环境，人与自然所构成的生态系统开始逐步地人工化和社会化。人类的生存与发展，很大程度上已经不是取决于自然提供的现成的野生动植物资源，而是更主要地取决于自己的耕作劳动。当然，人仍然依赖自然，但这种依赖存在于生产过程之中，而不是生产过程之外。自然界作为劳动对象进入到人类的实践领域。人已经不是消极等待自然的恩赐，而是积极干预自然并贪婪地向自然索取。这一时期，基于自然界对人类的长期威胁，人类形成一种非常明显的思想倾向，即试图把自身从自然界中摆脱出来，并逐渐地学会从本质上和整体上，近乎正确地认识和把握人在自然界中的地位。

14 世纪前后，是资产阶级大踏步走上世界历史舞台的时代。这一时期，以机器生产为主要特征的工业文明逐步兴起并以加速度的方式向前迈进。文艺复兴以后，资本主义生产关系逐步形成。由于生产和社会的需要，人们注意从各个方面探索自然的奥秘，迫切要求从自然界中攫取更多的财富，从而推动并加速了近代自然科学迅速分化和长足发展，而科学技术的新成就又转化为强大的生产力，使自然界的一部分为人们所认识、支配，创造出前所未有的社会生产力。从此，人类与自然关系发生了转折性的变化，一方面由过去自然界对人类的统治转变为现在人类可以凭借科技驾驭一部分自然，它标志着人类认识和改造自然能力的提高；另一方面，由过去对自然的崇拜转变为现在对人的主体性的崇拜，它标志着人与自然关系的位置变换。人俨然已凌驾于自然之上，占据了主导地位。

然而遗憾的是，人在自然面前地位的划时代飞跃以及人在征服自然过程中取得的“辉煌胜利”，导致人类被胜利冲昏头脑，甚至忘乎所以。于是乎“人类中心论”、“自然奴隶论”盛行，其结果使几乎所有的工业化国家生态环境问题都已初见端倪。

（3）现代生态意识的产生。到 19 世纪中叶，生态学刚刚崭露头角之时，人们并未给以足够的重视。人类对生态的认识是逐步加深的：当德国动物学家海克尔于 1866 年首次提出“生态学”时；当英国植物群落学家坦斯利于 1935 年首次提出“生态系统”时；当人类社会翻开第二次世界大战硝烟弥漫的最为悲壮的一页时；当人类现代工业文明日新月异，现代科学技术突飞猛进，在带来社会生产力大发展的同时，也带来一系列环境的严重恶化、生态严重失衡的后果。整个生态系统日趋严峻的形势，唤起了人们对违反生态平衡规律带来的严重后果的痛苦反思，促使了人类现代生态意识的崛起。现代生态意识以1972年斯德哥尔摩人类环境会议和1992年里约热内卢“人类环境与发展会议”为鲜明特征和重要标志，揭开了人类全面审视和全方位重视自身生存与发展的生态环境问题的崭新一页。

1972年6月，联合国在斯德哥尔摩召开的“人类环境会议”在世界范围内产生了深远的影响。生态环境问题首次被各国公认为人类面临的重大问题，这无疑是人类生态意识史上的一次重大突破和质的飞跃。会议通过的《人类环境宣言》明确地显示了人类生态意识的理性的自觉，指出：“人类环境的维护与改善是一项影响人类福利与经济发展的重要课题，是全世界人民的迫切愿望，也是所有政府应负有的责任。”《宣言》忠告：“人类业已到了必须全世界一致行动共同对付环境问题，采取更审慎处理的历史转折点。”《宣言》号召：“人类必须与大自然协同一致，运用知识建立一个更美好的环境。”为了现在以及未来千秋万代，维护并改善人类的环境，业已成为人类必须遵循的崇高目标。

1992年6月，正值斯德哥尔摩“人类环境会议”召开20周年之际，在巴西里约热内卢举行了联合国环境与发展大会。出席大会的有包括中国在内的170多个国家的代表团，118位国家元首和政府首脑以及联合国机构和国际组织的代表。大会通过了《里约环境与发展宣言》、《二十一世纪行动纲领》等一系列文件。这是联合国成立以来规模最大、级别最高、人数最多、影响深远的一次空前国际性盛会，足以说明环境与发展问题已引起世界各国和国际社会的关注。可以说，无论是数百名部长的讲话，还是上百名首脑发言，无论是数千名政府代表议事，还是数万名非政府组织人士的聚会，都表达了相同的意思：如何促进人类社会赖以生存发展的生态环境的改善和优化，如何使全球同舟共济、务实合作、积极行动，做到既发展社会经济，又保护生态环境，使地球成为人类安居乐业的美好家园，业已成为当今全人类的神圣职责。

1997 年 12 月，联合国气候变化框架公约参加国在日本京都制定了《京都议定书》，旨在“将大气中的温室气体含量稳定在一个适当的水平，进而防止剧烈的气候改变对人类造成伤害”，会上各国承诺减少国内二氧化碳排放量，美国政府于 2001 年宣布退出。2009 年，在《京都议定书》一期承诺到期之际，于丹麦哥本哈根召开《联合国气候变化框架公约》第 15 次缔约方会议暨《京都议定书》第 5 次缔约方会议，商讨关于《京都议定书》的后续方案。人们对环境问题前所未有的关注和重视正是现代生态意识逐渐崛起的体现。

4. 现代生态意识对生态环境的客观现状和人类生存、发展有何现实指导意义？

（1）现代生态意识，将引导人们从生态哲学的高度，整体上、本质上重新审视“人—社会—自然”系统的复杂关系，树立生态哲学价值论，根本改变蔑视生态的认识与实践，以全新的生态哲学思维方式，重新调整人类的行为与实践，促进人类社会的行为准则服从于生态环境系统协调平衡的自然规律，实现人类角色的转换，产业结构的调整，生产模式的变革，运用先进科学技术促进绿化全球的进程，从而为真正在实践操作层面实现经济、社会、生态的可持续发展，打开绿色通道。

（2）现代生态意识，要求充分尊重包括生态环境在内的自然客观规律，但并不排斥更不否定人的主体能动性。恰恰相反，正是为了既克服过分强调对自然“胜利”的唯科学论，又克服过分沉溺于对人的本质的抽象议论的人本主义，防止把人与自然割裂开来的传统、陈旧、单向、片面的形而上学思维方式和行动框框，从全新的视角真正科学地注重人的主体性的发挥，着眼并服务于“人—社会—自然”系统的有机协调、内在结合、高度统一、良性循环。真正全方位实现人类特有的理性和应有的“主体性”的充分发挥。

（3）现代生态意识的崛起，对于当前利益和长远利益的有序结合，局部利益和整体利益的有机统一，社会经济效益和生态环境效益的有效协调均具有重大而深远的意义，因而它是全新质、高层次的现代社会意识。它一方面反映了人类对以往生态负效应的痛定思痛的严肃反思；另一方面反映了人类对当代价值取向误区的严格审查、严厉批判和对未来生态文明前景的深沉思考、执著追求。是人类走向生态文明的重要标志，亦是人类摆脱危机，走向生机的重大转机。

5. 农家生态旅游得以大力发展的原因？

农家生态旅游，在欧美的发达国家中更多地称之为“乡村旅游”。这种城市居民为了远离城市沉闷压抑的工作生活环境而来到乡村农家放松心情的旅游方式，在欧洲可以追溯到 19 世纪中期，如一些贵族兴建的庄园。之后大规模兴起是在 20 世纪 80 年代以后。这个时期，各种城市矛盾开始显现，人们在压抑单调的城市环境中逐渐出现各种城市病，这时相对原生态的乡村农庄就成了人们的庇护之地；另一方面，很多的发达国家这时的农村经济增长开始减缓，而乡村旅游的出现让政府眼前一亮，大力发展农家村庄的旅游业无疑成为一个新的经济增长点。日本通过发展乡村旅游来吸引青壮年返回农村，从而加快了农村经济的发展。

6. 国外农家生态旅游的发展经历了哪几个阶段？

根据旅游产品生命周期，将西方发达国家的农家生态旅游，也就是乡村旅游，划分为三个阶段。

（1）萌芽阶段。迅猛的工业化大潮，在解放人类社会生产力、经济迅猛发展的同时，也使得生活在城市中的居民产生了回归田园、体味乡村传统文化的热情和消费需求。1865 年，意大利成立了“农业与旅游全国协会”，其宗旨就是让城市中的居民到乡村去体味农家的自然风情和文化习俗，让市民与农民同吃、同住、同劳动，使城市居民享受到别样的休闲放松。工业文明席卷欧洲，也使得乡村旅游在欧洲逐渐受到城市人的青睐。至 20 世纪 30 年代，到乡村旅游已经成为了欧洲城市人休闲的主要方式之一。

此时，乡村旅游的发展还处于萌芽阶段，具体表现在没有明确的乡村旅游的概念以及命名，也没有建立相应的村庄旅游区域和组织方式，几乎全部的旅游活动都是由游客自发组织进行的。旅游者仅仅是利用乡村中农家的种植地、养殖区和农舍进行采摘、钓鱼、骑马等放松活动，食用新鲜的瓜果蔬菜和新鲜出炉的农副产品，借着村庄自然幽静的环境暂时躲避喧嚣、繁忙的都市生活。而对于很多的农村居民来说，也同样没有认识以此可以作为获取利益的机会，并将其转化为更大的经济收益。很多的村民把城里来的旅客当作是朋友的造访，只是适当地收取客人的食宿费用。

（2）发展阶段。20 世纪中后期，乡村旅游在西方国家中得到了长足的发展。这一阶段，西方发达国家已经进入到后工业化社会，城镇化达到了一个很高的水平。而与此相对的，农业人口减少，农业产业结构逐渐趋于合理化。农业生产在以粮食生产为主的同时，林业、渔业、果木、特色养殖等为辅同步发展。现代农业已初具规模，农业景观焕然一新。这一时期，开始出现组织各种乡村旅游的旅行社，同时农民也发现了乡村旅游带来的丰厚收益，出现了专门负责接待来客的农户。这标志着乡村旅游已区别于单纯的农业和单纯的旅游业，成为一个新兴的交叉性的产业。

观光成为了这一时期乡村旅游产品的主要形式。随着现代农业的发展，乡村旅游的内容也日趋丰富，不仅包括观赏粮食作物、经济作物及花、草、林、果、家畜、家禽等农村特有的产物，还新增了很多关于村庄传统文化的展示和欣赏活动，例如乡村聚落的欣赏、传统老式建筑的参观以及乡村特有服饰的展示等等。同时，购物、餐饮、游乐、住宿、参与地方节庆、体验民俗成为主要的活动。这一时期，世界各地的乡村因为各自的特点和发展情况不同，开始分化出各种不同特色和侧重点的乡村旅游，以吸引和满足不同的游客群体。

一方面乡村旅游内容逐渐丰富，品质不断提高；另一方面，随着城市化进程加快，城乡两地的文化差异越发明显，农村对城市人的吸引力越来越大。农村干净的水源、清新的空气使得游客开始不满足于短期暂时性的游玩，他们更愿意把周末和假日安排在乡村中度过，全身心地投入到自然的怀抱，完整地享受日出而作、日落而息的田园式生活。为了顺应这一需求，在生态环境较好的村庄，农户们利用自己闲置的房屋，将其改装成具有乡村气息的旅店来接待过夜游客。一时间，乡村成为周末度假、老人休养的最佳选择。同时，越来越多的游客不满足于旁观式的欣赏游玩，更要求积极加入到农村劳作的体验生活中去。于是，乡村旅游增加了丰富多彩的操作性活动项目，不仅满足了游客的需求，而且也拓宽了乡村旅游的经营模式。在很多国家，游客想要参与到农活中去，不但不会得到酬劳，反而要交纳一大笔费用，这已经成为了旅游价值的一种新取向。这一时期，很多的乡村度假小屋以酒店旅馆的经营方式运作，经营管理以家庭为单位，农村妇女成了管理者的中坚。

（3）成熟阶段。无论是度假旅游还是参与式的活动抑或是体验乡村传统文化，都能让游客既获取愉悦的心情，又能够学到一些知识，所以乡村旅游在更大的范围中受到越来越多人的青睐。而在成熟阶段，乡村旅游的经营者和管理者为了寻求区域整体的良性发展，开始注重农村整体环境的营造，重视非物质文化资源对游客的吸引力，更加强调通过乡村旅游的发展带动当地社区居民生活改善，乡村旅游开始具有生态旅游和文化旅游的特点。

7. 举例简述世界各国农家生态旅游发展和现状？

（1）意大利。意大利是世界上旅游业最发达的国家之一，拥有丰富的文化遗产和得天独厚的自然景观。在意大利的旅游业中，农业旅游属于新兴的生力军，是近几年发展势头迅猛的旅游产业。意大利在 1865 年便成立了“农业与旅游全国协会”，形成了早期的农业旅游。经过了 20 世纪 80 年代的发展期和 90 年代的成熟期，到 1996 年为止，意大利全国 20 个行政区，已全部开展农业旅游活动，其中尤以托斯卡那大区最为突出，每年接待国内外农业旅游者高达 20 万人次。

（2）法国。法国既是欧洲第一农业大国，也是世界旅游业大国，这为法国的农家生态旅游发展提供了十分有利的条件。20 世纪 70 年代，法国国内掀起了建造“第二住宅”的风潮，并开辟人工菜园活动。各地农民积极响应，纷纷推出了农庄旅游，并组建了全国性质的联合经营组织。近年，法国人又推出了全新的“农庄旅游”业，将农业旅游彻底产业化，全国有 1.6 万户农家建立了家庭旅馆以供游客体验农家生活乐趣。1988 年，法国设立了农业及旅游接待服务处，并结合此后法国农业经营者工会联盟、国家青年农民中心和法国农会与互助联盟等专门农业组织，联合成立了“欢迎您到农庄来”的联合经营组织，吸引众多的游客前来旅游。现在，这种农业旅游能够为法国农民带来每年 700 亿法郎的收益，相当于全国旅游收入的 1/4。

（3）西班牙。西班牙是欧洲除瑞士之外山地最多的国家，发展乡村旅游有着良好的自然条件。西班牙的乡村旅游在 1986 年前后开始起步，1992 年以后快速发展，目前增长速度已经超过了海滨旅游，成为西班牙旅游中的重要组成部分之一。西班牙人非常重视乡村旅游，有 36%的西班牙人的假期是在 1 000 多个乡村旅游点度过的。乡村旅游使西班牙的农村发生了相当大的变化，也使农村的设施和环境都得到了很大的改善。西班牙农民只占全国总人口的 4%，但农业产值却很高。过去 5 年里，西班牙的乡村旅游增长了 93%，其中 89%的游客是西班牙本地人。这个数字意味着每年有超过 200 万的西班牙人远离城市到内地的农村旅游。

(4) 美国。在美国，农业旅游业被称为是“乡村旅游”。在第二次世界大战之后，尤其是 20 世纪 60 年代之后，旅游业逐渐成为了世界上发展势头最强劲并且持久不衰的产业。而从 20 世纪 70 年代后期开始，乡村旅游就开始在美国长盛不衰。

这是由于一方面，美国政府发现乡村旅游与传统的工业相比，投入更少，收益却更大；不需要大量的破坏环境，甚至有助于环境的保护；对于员工的技术要求也相对较低。美国农村一直地多人少，开展乡村旅游不仅弥补了农业劳动力的短缺，还能帮助农场主就近推销农副产品。另一方面，随着人们生活水平的提高，产生了对于乡村生活的猎奇、回归大自然的心理，越来越多的游客不满足于对美国几个窗口城市的走马观花式的游览，他们更加想要深入了解美国内部地区的文化、历史、风光。再加上人口普遍老龄化，使得乡村旅游在美国受到越来越多人的青睐。

在这样的历史背景之下，美国的农业旅游得到了长足的发展。20 世纪 80 年代末、90 年代初，美国联邦政府和地方各级政府把发展旅游业作为振兴农业地区经济的重要手段。为了在激烈的市场竞争中生存和发展，农场主在乡村旅游的内容和项目上不断推陈出新，以吸引更多的游客。除了采摘果品、饲养小动物、垂钓比赛、露营野炊等传统活动，还新增了绿色食品展、珍稀动物展览、农场博物馆、乡村音乐会等活动，引来了源源不断的游客。

到了 20 世纪 90 年代，全美农业地区经济普遍下滑，但农业旅游成了唯一有所增长的领域。根据美国旅游行业协会的统计显示，46%的美国成年人在 2005—2007 年间曾参加过乡村旅游。在美国夏威夷，2005 年全州有 4 800 多座农场从事乡村旅游，其产值达到 3 500 多万美元，其中 38%左右来自农产品的直接销售。

（5）马来西亚。1985 年，马来西亚根据农业部的计划，建立了一处农林旅游区，作为农林示范、农林生态保护，开展农业旅游参观。从 1992 年起，将 7 月 2～9 日定为一年一度的“花卉节”，以花卉为主题，发展农业旅游。随着花卉生产的兴起，以及政府有关部门的密切配合，实现了花卉的基地化、产业化，推动了旅游业的发展，从而吸引了更多的游客，使马来西亚旅游业连年创下佳绩。1994 年旅游业外汇收入达到 90 亿马币，成为排名第三的产业。1995 年，马来西亚成功举办了国际花卉展销会，成为东南亚地区权威性的国际花卉展。

（6）日本。相对于欧洲，亚洲的农家生态旅游起步较晚。其中，日本的农业旅游发展相对较早。其特点在于各地的农场结合当地的农业生产特点，营造富有诗情画意的田园风光，设立贴心的富有特色的服务设施，以此吸引了大批的国内外游客。日本的农家旅游活动丰富多彩，旅行社组织游客参与春天下农田插秧、秋天收割、捕鱼捞虾、草原放牧、牛棚挤奶等一系列体验性极强的务农活动。参加的人员有研究人员、学生、职员、公司白领等。

在日本的岩手县有一座具有百余年悠久历史的民间综合性大农场，名为小井农场。自 1962 年以来，农场先后开辟观光农田

40公顷。农场中分立了多个主题的区域，动物农场专门用来饲养各种家禽家畜以供人们观赏逗玩，同时也可以学习到一定的饲养知识；游客在欣赏完牧场馆挤牛奶的表演以及奶油的加工过程后，还能购买到新鲜出炉的奶制品；别具特色的农具馆，展示了各种各样新奇古怪的农业用具，从日本古代的耕作工具到现代化的机器工具都一一陈列于其中，游客们能够在这里了解到日本农业发展的历史。

随着工业化和城镇化的进展，在日本也兴起了很多的观光型农庄。人们只需要购买一张门票便能够在农庄内自由的观赏各种瓜果蔬菜、花草树木，同时也有一些农庄提供了采摘乐趣的体验活动，欣赏之余还能够带走自己采到的新鲜蔬果。

1979年，日本大分县前知事平松守彦先生提出的以“立足本地，放眼全球，自立自主，锐意创新，培养人才”为基本理念的一村一品运动，经过20多年的不懈努力，振兴了大分县的农村经济，取得了显著成效。在这项运动中，很多村庄都将自己的传统风俗文化作为特色品牌大力宣传和弘扬，吸引了大批的游客慕名而来。

近年来，务农旅游在日本也逐渐升温。东京一家旅行社每年以春天的插秧和秋天的收割为中心，组织游客去农村体验农民生活，直接享受大自然的恩惠。去沿海地区的旅游团还可以参加捕捞虹鳟鱼和采集、加工海带等活动。

（7）韩国。韩国的乡村旅游起步比较晚。近几年，在一些大城市周边的渔村出现了很多“观光农园”和“度假乡村”。这些农园提供城市居民可以休闲、体验、收获的活动，满足了城市人放松身心的需求，农民也从中获得了可观的收入。有特色的是，在一些渔村中有规定20人以上的团体游客在村内的食堂用餐，而零散的游客则会被分配到经过专业培训的农户家中去享受农村式的聚餐，让游客吃得开心、吃得健康。这些观光农园最初多是农民自发组建的。随着韩国城市化水平的提高，年轻人都进入城市寻找工作，农村劳动人口下降，仅依靠种植粮食获得的收入也不断减少，而很多农户的一些房屋被闲置。于是，在这样的契机下，一些农村居民搞起了农家乐一类的乡村旅游，让城里人来农村吃吃饭、参与劳动，之后收取客人一定的费用。没想到，这样的农家旅游一下受到了城市居民的热烈欢迎，周末或节假日来农村进行这样休闲旅游的人越来越多。由于生意的红火，越来越多的农民开始效仿这种形式的农家旅游，经营着自己的农庄。不久之后，韩国的农业部门也发现了这种旅游模式是增加农民收入的一条道路，于是大力提倡和推动乡村旅游的发展，制定了一系列有利于乡村旅游发展的政策。韩国农村经济研究院提供的资料表明，韩国农村观光和民俗市场的规模，2001 年约为 28 400 亿韩元，到 2005 年达到了 51 100 亿韩元。

8. 国外农家生态旅游的主要形式是什么?

农家生态旅游主要的发展动力来自于快速的城镇化和工业化发展，所以在西方众多的发达国家中，农家生态旅游已形成了成熟的经营模式和稳定的游客群体。由于不同国家农业发展的特点不同，所以农家生态旅游在各个国家所表现出来的形式也各不相同。总的来说，依据场地功能的不同，农家生态旅游即乡村旅游可以划分为三种主要的形式：观光型；度假型；体验型。

9. 国外观光型农家旅游有哪些主要类型?

国外观光型农家旅游主要是以展示农场中种植的作物以及饲养的家畜来吸引顾客，在有些农村也会将当地特有的风俗文化表演给游客欣赏。主要的类型包括自然保护区、农村博物馆和观光农园。

10. 国外观光型农村自然保护区是什么样的？

在发达国家，相当一部分乡村处在人烟稀少的自然保护区域，或处于自然保护区之中，或坐落于自然保护区周边地区。在自然保护区之中的村庄，就可以结合保护区中无污染的自然环境，将农家旅游的特点融入自然保护区的旅游发展中；而位于保护区周边地区的农村基本上作为自然保护区旅游的外围补给地点，其餐饮住宿的服务相对品质较高。当然，在整个地区旅游的发展中，农村所处的地位可能不是主要的，更多的游客前往旅游区的目的并不主要是为了农家的旅游活动，但是不可否认，村庄在整个旅游链中的作用是不可替代的。

在法国，设有 30 个自然保护区，其中 7 个是国家保护区，都是人烟稀少的山区和岛屿，这些保护区之内很少有村庄存在；而另一部分则是地区保护区，主要保护环境和文化遗产、景观遗产，其中也包括了保护当地农业、农庄。因此，保护区内是允许有农村存在的。这类保护区的功能首先是保护，在保护的基础上进行经济开发，包括开辟游客观光的旅游场所。比如巴黎西南 30 千米的上谢夫勒斯谷自然保护区，建于 1985 年，包括 23 个村镇，面积 300 公顷。其中 40％是农业田地，47％是森林，其他是道路、房屋等。这些村庄虽然都接受游客的造访，但是出于保护当地自然环境的目的，旅游活动多是以观光类为主。

11. 国外农家生态游中的村庄博物馆模式是什么样的？

村庄博物馆往往产生于有突出特色的农村之中，一般有静态的设施展示和动态的生活展示两种形式，是兼具区域性、文化性的民俗展示园地。以德国的乡村博物馆为例，占地面积大约在

25 公顷，全部是按照百年前的风格建造，馆内陈列着各种老式的农宅、各个时期的农耕用具以及一些模拟以前农家生活状态的模型，让游客在参观的同时了解国家农业的变迁和发展历史。一些农庄博物馆为了原汁原味地展现旧时代农村的劳动情况，会让农户们在馆内完全以畜力或人力耕种，完全不使用化肥，用农场的树木制作木炭。农业产量虽然不高，但是农产品以健康、新鲜大受欢迎。馆院内的土地，是由经营者以租赁的方式提供给当地农民耕种，按照古老的租佃制度，农民需要向经营者缴纳 10％收获量的粮食给博物馆或者当局。挪威、瑞典等国也积极地推行这种旅游方式，并把它与农村文化遗产保护、生态环境建设结合起来，强调村庄在旅游中的整体性开发和有机成长。1900—1940 年，挪威就建成了 111 座类似的乡村博物馆。

在罗马尼亚首都布加勒斯特，有一座别具一格的博物馆。博物馆内风景迷人，旧式的农宅和乡村建筑透露出一股质朴的气息。这里既是游人参观游览、了解罗马尼亚农业发展历史和风土人情的著名景点，也是学生们在假期里快乐的庄园。这座博物馆建于 1936 年，馆内珍藏了丰富多彩的雕刻、刺绣及彩陶艺术，向人们展示了罗马尼亚不同时期传统文化的艺术成就。

而在日本、泰国等地则以静态展示为主的农村博物馆居多。这类博物馆多是以古老的农村建筑为基础改造而成，通过规划设计，复原旧时的农家生活场景、重现农业的发展历史，让游客感受到浓郁的历史文化氛围。同时也作为周围地区青少年的假日课外活动基地，让更多的孩子获得更多的相关知识。在日本的埼玉县旧岛田家就是这样一所农家博物馆。博物馆选取了村中最典型的房屋作为主场馆，按照传统的农村风貌装修。当旅客们前来参观时，馆内的工作人员会奉上当地特色的绿茶及烤番薯。馆内到处放置着可供游客翻阅的参观指导手册，而博物馆前的指示牌上则清楚地标明了该村过去的土地利用情况，并与现在的土地利用图像进行对比，让游客能很直观地了解到农村的变迁。所以，这类农村的博物馆往往就能成为城市人缅怀乡村生活，农村当地人追忆往昔劳动岁月的场所。

12. 国外的观光农园模式是什么？

所谓的观光农园，是指以观光作物和家畜来吸引游客的农园，例如观光渔园、观光牧场、观光草莓园等等。细分的话，又可将这些农园分为两大类：传统耕种农园和现代新技术耕种农园。随着观光农园越来越受到游客的欢迎，在一些发达国家或地区出现了农产品直销的形式：客人在游览农场的时候，参与到耕种、采摘的劳动之中，离开时可以购买自己劳动所收获的新鲜果蔬。这种直销的方式，节省了农产品从农村到城市的运输费用，也降低了销售的风险。对于游客来说，他们也得到了新鲜的、绿色的农产品，同时达到了休闲娱乐的目的。

13. 度假型农家旅游经历了哪几个发展阶段？

度假乡村旅游大致有三个发展阶段：

第一阶段是“萌发时期”，出现了大量的自主前往农村过周末和假期的游客，产生了在农庄过夜的需求，于是农民将自己闲置的房屋农舍改造成供游客休息的旅馆。

第二阶段、第三阶段是农户将自己的农庄主动发展成度假型住宿场所，根据经营理念的不同，又分为“民宿”和“民泊”两个阶段。“民宿”的经营偏重于对市场需求的迎合，通过精心设计来吸引游客前来度假，经营性比较强，由此农事活动和旅游业之间往往存在着一定的矛盾和冲突；“民泊”则相反，经营者更强调自身的独立性，农户对农事的重视也高于旅游的发展，他们不愿看到大量游客的来到破坏了日常的农耕生活，希望游客能够尊重他们的生活习惯。比如说，“民泊”的经营者会要求需要前来度假的游客提前预约时间，按照农户自己的日程表来行事，按照他们的生活习惯居住。

14. 国外度假型农家旅游有哪些主要类型？

国外度假型农家旅游分为以下三种类型：一是旅游者寄宿在农户家，众人一同生活；二是旅游者和农户分开居住，伙食自理；三是旅游者在农家用餐，但不留宿。农场会给前来的旅客安排丰富有趣的活动，除了各种农事体验之外，还能游泳、打球、骑马、钓鱼甚至打猎。

15. 国外体验性农家旅游有哪些分类？

（1）教育式的农家旅游。这类农场除了观光旅游之外，最大的功能便是教育。经营者通过在农庄中收集、设计一些城市里完全接触不到的农业设施，举办一些原汁原味的传统文化活动，让游客在参与的同时也能获得新的感受、学习到新的知识。

在法国，政府向土地拥有者租用或购买土地，然后将一部分作为农业部门所属培训中心的教育农场，或由市政府辟为“自然之家”教育中心，另一部分租给农作爱好者耕种。巴黎郊区最大的教育农场规模有上万亩*土地，场内修建了展厅、步道；开设了牛舍、挤奶室、奶制品加工车间等设施，展示奶制品生产的全过程，供学生和游人参观。

（2）家庭农园农家旅游。家庭农园，就是指把城郊或者城市周围的闲置土地出租给城市中没有土地的居民耕种。在法国，这种模式的农园被称为“家庭农园”，德国则称为“小庭院”。在出

---

* “亩”为非法定计量单位，1亩=667平方米，1公顷=15亩。

租给城市人的同时，经营农户会传授相关的农耕知识，并且提供各种种子和劳作工具；租用者则需要支付给经营者一定的租用金和保证金，并且到每次收获的时候将产出全部或者大部分上缴给经营者。

16. 国外农家生态旅游有什么特点？

尽管国外的农家旅游发展的形式多种多样，但是大都具有以下共同的特点：

（1）以成熟的农业产业结构为基础。农业首要的也是最重要的目的，就是提供粮食和农产品，是保证人类生存的根本产业。如果连根本的生存需求都无法满足，那么农业也没有余力去发展其他的产业。然而，当生存威胁逐渐消失，单一的农业便开始转向农、林、牧、渔等一系列全面发展的综合型农业，这时农民的收入才有了大幅度的提高。农家生态旅游是旅游业和现代农业结合后的新兴旅游方式，在成熟农业的基础上嫁接旅游业，提高传统农业的附加值，形成农业和旅游业的新经济增长点。因此，没有农业高度发达、农业产业结构成熟作为基础，农家旅游本身就会失去其最大的吸引力，并会阻碍农业的发展。

（2）政策体系完整。在发达国家，拥有完整的农家生态旅游发展政策，如：农家生态旅游的宏观管理、行业管理、市场规模等。这些政策体系保证了农家生态旅游的健康发展。

（3）占据重要的产业地位。在发达国家，农家生态旅游已成为规模大、稳定性强的旅游方式之一，并逐渐成为国家经济的一个新增长点。

据统计，2001 年法国乡村地区的旅游消费达 140 亿欧元，相当于法国个人在国内旅游开支的 19.2%。2001 年，意大利 1 万多家乡村旅游企业共接待游客达 2 100 万人次，营业额达 4.3 亿美元，比 2000 年增加了 12.5%。美国有 30 个州有明确针对农村区域的旅游计划，加利福尼亚州农业观光旅游业 1 年的收入就有 7 500 万美元，而且还带动了贸易和食宿等相关行业的发展。

（4）具有丰富的产品层次。国外的农家生态旅游已不单单为了观光，越来越多的游客希望进入乡村、融入自然，得到休闲体验。而农家生态旅游的经营者为了满足游客的这类需求，也把越来越丰富多样的农事体验活动和休闲娱乐项目加入到农家生态旅游当中。当然，任何高层次的旅游产品和需求都是以低层次的产品为基础的，任何高层次的旅游消费都不可能完全摆脱消费低层次产品。所以，随着国外农家生态旅游的发展，农家生态旅游的产品体系将更加完善，产品种类会更加丰富多样。

17. 国外农家生态旅游政策体系完整性表现在哪些方面?

（1）制定相关完整丰富的政策体系。在发达国家，拥有完整的农家生态旅游发展政策，如：农家生态旅游的宏观管理、行业管理、市场规模等。这些政策体系保证了农家生态旅游的健康发展。

（2）国外乡村旅游政策体系重视各种关系的管理协调。对政府和非政府组织以及乡村旅游企业之间的关系给予了足够的关注，在政策上体现了对其关系进行调控、管理的机制。

（3）国外乡村旅游政策体系强调法律规范。国外乡村旅游发展较好的国家，都通过制定严格的法律法规，来规范乡村旅游企业在运营、游客服务、接待设施设备、乡村内外部环境以及安全和卫生等方面的行为，保障了乡村旅游的良好发展。

（4）国外乡村旅游体系强调业务指导。在乡村旅游的开发中，政府要对乡村旅游业的经营者和当地居民进行教育和培训，既加强他们的环境生态意识，保护当地的文化，同时也要求采取措施积极避免乡村旅游开发产生的负面影响；并提高乡村旅游从业者的服务水平，促进乡村旅游的良好发展。

(5) 国外乡村旅游政策体系强调规划管理。政府往往制定详细的农村地区旅游规划或乡村旅游规划，对乡村旅游发展进行前瞻性的指导，从政府层面确定各个地区乡村旅游业的发展方向。

18. 国外农家生态旅游发展有什么有效措施?

国外的农家生态旅游，在短时间内能够得到高速的发展，其中相当重要的一个原因就在于，各个发达国家都意识到农家生态旅游的重要性，相关部门制定了一系列有利于农家生态旅游发展的行之有效的措施：

(1) 政府对农家生态旅游的干涉，制定相关政策有效辅助政策。国外农家生态旅游出现后很长一段时间，由于对乡村地区旅游、研究计划、政府政策和行动缺乏关注，农家生态旅游业发展制度和相关政策工具都较为缺乏。直到近几年，政府逐渐对农家生态旅游有了最直接的关注，并通过开发政策、土地和水资源管理计划、提供人力和财力管理三种方式干涉乡村的旅游业发展。如，德国在1919年就制定了《市民农园法》，确立了市民农园的模式，并于1983年进行了修订。法国在1941年首次制定了《工人农园法》，在1946年做了修订；1952年又制定了《家庭农园法》，在1976年进行修订并一直沿用至今。日本政府对乡村“民宿”的发展也投入了大量的精力和财力，希望通过“民宿”的发展带动乡村的经济，振兴农业。

(2) 农家生态旅游参与区域结构调整。为了解决地区发展不平衡的问题，欧盟对此制定了一系列的政策。1975年设置“欧洲区域发展基金”；1992年与Maostricht签署的自主协议中第一次正式引入旅游业；1999年“单一市场和经济与货币联盟”成立，并将推动滞后地区的发展和结构调整、转变受产业滑坡影响较大地区的格局、减轻乡村发展和产业结构调整的苦难、推动人口密度较低地区的发展和产业结构调整作为四项重点工作，其中农家生态旅游都起到了积极的促进作用。

(3) 农家生态旅游与乡村社区的调整。1991年，美国国家旅游局的调查表明，60%的州正在大力发展乡村旅游，50个州中有30个有具体的目标和发展计划，70%以上的美国居民参与了乡村旅游。1993年，英国每天接待乡村旅游者的人数为90 000人，有84%的人每年至少进行一次乡村旅游。农家生态旅游正在全世界范围内升温，成为旅游业的重要组成部分而受到人们的关注，其中最重要的发展趋势就是旅游从风景名胜区渗透到各种乡村区域，深入小村镇，变得更加乡村化。然而，农家生态旅游的广泛化并不意味着所有的人都平等地享有参与的机会和权利。以英国为例，约有25%的英国人经常到乡村参与乡村旅游，50%的人偶尔在假日去乡村度假，剩下的25%的人根本没到过乡村旅游。没去过的人很可能是因为不具备私人交通工具，而居住地附近又没有农家生态旅游的村庄。在农家生态旅游与社区发展的关系中，人们逐步意识到如果乡村旅游政策是以提高乡村居民生活质量为目标，那么就更应该关注在公共政策中统一社会经济目标，合理地制定各个利益相关群体的分配机制和分配办法。

(4) 农家生态旅游的统一合作。在美国西部，联邦土地是重要的旅游与游憩资源。1992年，美国土地管理局、鱼类与野生动物管理局、国家森林公园中心、森林委员会、国防部、美国旅行与旅游管理局的“备忘录”(MOU) 形成了地方、区域、州政府在推进联邦土地发展旅游业中共同合作的框架。1993年亚利桑那州共同签署了联邦理解备忘录，包括了所有州联邦机构的代表、亚利桑那州旅游局、竞赛与鱼类管理局、州公园、土地、商业、交通、美国农业部、土壤保护委员会、印第安人事物管理局等多个部门。“乡村旅游发展计划宣言”称共同的目标是唤醒国内和国际公众在联邦土地上开发旅游的意识，通过营销乡村旅游机会，重点支撑乡村社区的发展，在环境敏感的地区以独特的方式取得经济、教育和游乐等方面的利益。亚利桑那州旅游促进委员会正在执行州乡村旅游发展计划，通过统一机构支持乡村社区发展旅游。美国农业部运用该计划作为农业部“经济转型中非常重要”的政策保障。

芬兰在1995年成立了乡村政策委员会，包括了从政府部门到非政府机构的所有部门，委员会的工作任务包括协调乡村发展尺度，推进乡村资源的有效配置。委员会为了促进乡村的农家生态旅游发展，在其下设立了乡村旅游主题工作小组。工作小组的任务主要有：制定乡村旅游发展战略和合作行动计划；收集、分析区域层面上的乡村旅游发展项目的统计资料；制定乡村旅游的国家产品开发和发展规划；在国家乡村计划中编辑和收集欧盟发展计划；促进国内和国际乡村旅游市场的合作并促进形成乡村旅游的出口市场；与发展中国家农家生态旅游交流学习；为乡村旅游发展提出建议、主动解决影响乡村旅游的问题。

19. 国外农家旅游发展的有效政策工具有哪些?

国际上通用的农家生态旅游发展政策主要体现在乡村旅游的宏观管理、行业管理、组织机构与形式、成本与收益等领域，通过政策制定市场准入、市场规范、经营自律机制、市场监督与评价、投资与借贷促进、补助与税收刺激等政策工具体系，形成促进农家旅游快速、健康和可持续发展的政策保障。

20. 国外农家居民对发展农家生态旅游持何种态度?

发达国家非常重视社区居民对发展旅游态度，认为当地人对发展旅游的态度影响旅游者的感受，从而影响农家生态旅游的发展。在发展中国家，一些封闭的乡村农家生态旅游的开发存在诸多的问题，如当地人不能分享发展旅游而带来的效益，却承受环境破坏、生活受干扰、价值观念冲突等不利影响，从而导致当地人对发展旅游怀有不满情绪，极大地阻碍了旅游的发展。相反，另一些国家农家生态旅游开发较为成功，当地人对游客友好，很好地影响了旅游者对旅游的感受，从而促进农家生态旅游的发展。

21. "日本白川乡"是日本农家生态旅游发展的典型，结合该地实际情况，谈一谈"日本白川乡"农家生态旅游发展的具体情况。

（1）白川乡介绍。白川乡位于岐阜县西北部山区，与日本北陆地区的富山县和石川县接壤，地处海拔1 500米的山区，长期与外界隔绝，村民以种桑养蚕为主。这里山势陡峭，多数村庄位于沿河谷的狭长地带。因为该地有日本三大名山之一的白山，又有白川自南向北流过，所以得名白川乡。1995年12月，在德国柏林召开的联合国教科文组织第19届世界遗产委员会，将位于白川乡的荻町、相仓和营沼三座古村落指定为世界文化遗产。对白川乡的了解有助于了解农家生态旅游在日本的发展。

最早发现白川乡的是一名叫布鲁诺·陶德的德国建筑学者。1935年，布鲁诺来到日本进行传统住宅样式的调查。在走访日本各地期间，他来到了白川乡，并被当地特色的农家住宅"合掌屋"深深地吸引。随后所著《日本美的再发现》一书，向全世界大力推介白川乡深奥的人文底蕴。

白川乡到了冬季便会降下大雪，再加上地处山林之中，使得白川乡的交通极不便利，进出困难。但也是这个原因，使得白川乡成为日本"最后一块未开发的区域"。可以说，地理位置和冬季降雪是古村落建筑和文化得以完整保留的客观原因。由于地理和气候条件的特殊性，其民居建筑形式在日本具有独特性。当地的农舍比其他地方的一般农舍要大，完全是木结构，屋顶呈三角形，三面覆草；屋顶坡面陡立，类似佛家祷告时双手合十的样子，因此这里的建筑被称为“合掌”。两层建筑结构中的宽敞阁楼被村民用来养蚕。从合掌式民居的结构、建筑方式和空间使用来看，这些古建筑是日本木结构房屋的典范，是反映其传统文化的独特景观（图 2-1）。

图 2-1　日本白川乡合掌民居

据记载，到 19 世纪末，在白川乡、五岭山地区的 93 个村庄里仍有 1 800 座合掌式民居，但第二次世界大战后随着日本经济状况的改进，山区生活方式发生剧变，许多传统房屋消失，乡村独特景观遭到破坏。在 20 世纪约有 90%的合掌式民居已经消失，这并不都是由于旅游活动过多引起的，当地居民本身生活方式也在发生着变化。

荻町、相仓和营沼的传统民居之所以保存得比较完整，与当地自发的保护运动和传统互助组织息息相关。当地村民在 20 世纪 70 年代与政府合作，发起了保护运动，努力保存村庄的整体风貌和环境，恢复和保护村里的田野、沟渠、道路、森林以及建筑。村民们成立了保护协会，每个村庄都有一个称为“kumi”的互助组织；季节性和日常性的工作由村民共同或轮流进行，如清除山路两旁的杂草、清理沟渠、防火等。在自然条件严重受限的地区，以互助为基础的社区组织发挥了无可替代的作用，这也体现了古村落传统文化中的合作精神。

（2）白川乡的农家文化旅游发展概况。从日本白川乡的发展经历可以看出，即使没有旅游者的大量进入，古村落仍面临来自内部的生活方式变革的冲击。有关案例说明，为了维系文化传统，村民有必要与政府合作，在政府的支持下，发起自下而上的文化旅游资源保护运动。

从白川乡的乡村发展和旅游业的兴起来看，合掌式民居的保护只是第一步，保护了特色民居，也就是保护了重要的旅游资源。第二步是旅游开发，鼓励游客用更多的方式去体验乡村文化，而不是依赖于传统工艺纪念品的销售去提高旅游业增加值，村民与游客之间的交流渠道实现了多元化沟通。例如，在野外博物馆的“合掌造民家园”里，有一栋在白川乡各地使用过的合掌式民居被移建、保存在园内，集中保护和用于参观。园内按古代农村的模样，建有寺庙、水车小屋、烧炭小屋、马厩等建筑。其中有染色、机织等传统工艺表演，游客可亲自体验；在荞麦面道场，游客可以体验制作荞麦面。秋天，白川乡举办浊酒节，游客可以喝到混有米饭的白浊酒。在节日会场设有浊酒节之馆，有木偶表演等节目。这些表演活动和传统技艺展示活动增进了游客对当地传统文化的理解，同时又不失为古村落文化旅游的良好促销手段。

白川乡的经验表明，古村落旅游实现可持续发展的一个前提应该是在社会文化承载量的限度内，努力提高游客对当地文化的体验深度和欣赏能力，使游客和当地居民之间有和谐的人文信息沟通。

22. 结合实际情况，谈一谈意大利乡村“生态博物馆”的农家生态旅游发展概况。

意大利是世界上著名的文明古国之一，其历史文化遗产之丰富在全球闻名遐迩。在意大利丰富的乡村特色文化中，特伦托省推出的乡村“生态博物馆”受到了人们的普遍关注。

意大利乡村“生态博物馆”的概念和实践始于2000年。由一些学者与当地政府、社区、文化和旅游协会共同创造设计，提出方案，上报该省政府有关部门批准实施。其宗旨是力图以一种保护和创新地持续利用自然环境和历史文化遗产的方式，将当地的自然环境、历史文化遗产和村民的生产生活方式一体化地、整体互动地展示给意大利国民和外来的旅人，借此保护乡村的自然和历史人文景观，进行爱国主义的教育。“生态博物馆”实施以来，受到国民的广泛关注，并且吸引了大批的国内外游客，受到当地政府的大力支持。

首先，意大利乡村“生态博物馆”的一个最大的特点就是意大利人那种珍惜自己的历史，以拥有历史文化遗产而自豪的全民性风尚。在意大利的大城市、小镇里，到处可以看到保存完好的各个时期的历史文化古迹，居民总是小心翼翼地以“修旧如旧”的方式恢复一处处破损了的古建筑外观。在意大利普普通通的乡村，村民也十分珍惜本地的历史和文化，这种风气使已发生重大社会变迁的当代乡村仍然充满一种历史的魅力、民俗的魅力。引人注目的是，博物馆还专门腾出一片空间来张挂社区孩子们以当地自然人文景观为题材而创作的各种绘画作品。不少村子里还成立有战争博物馆，这是“生态博物馆”的一部分，比如卡哦里阿村的战争博物馆里就有2 000多件展品，其中包括第一次世界大战中当地士兵用过的各种兵器、各种各样的军用器具和军旅生活用具、士兵的服饰、老照片，甚至士兵在战场上写给家人和情人的很多未能寄出的书信也被精心陈列在橱窗里。村子里建有纪念碑，纪念当地在战争中阵亡的士兵，石碑上刻着阵亡者的名字。

而“生态博物馆”更大的展示空间在有形的博物馆之外。

"生态博物馆"的设计者把整个社区生活的自然环境和农牧生活场景都纳入其视野中。他们为游客设计了非常详细的各种徒步旅游路线，除了可以到达当地各个自然景观的路线外，普遍还设计出"民族志路线"，指可到达当地人各种社会生产生活、历史景观和与宗教信仰相关的各个圣迹灵地的路线。

由于气候和环境的关系，特伦托省不少山地社区每年以村子的大本营所在地为核心，以周围山林牧场为半径，进行周期性的流动农牧活动。如每年3～7月，村民就赶着牛羊，举家搬迁到草青林茂的林中居所去。他们过去的农牧生活、盖木板瓦的木楞房、各种农具、制作奶制品的器具、厨具炊具等皆完整地保留着，同时还保留了家庭生活场景，如菜地、猪圈，水井、室外喂猪的地方和猪食槽等，猪和牛羊用木头逼真地雕刻而成。村子里过去用来伐木的各种斧头锯子、用水力来进行锯木的水车等，都如实摆放，并每天进行演示，让来这里的人们能领略到当地村民过去各种真实的生活情景。

当地村民曾经有过伐林开荒的游耕农业，现在随着当地生产生活方式的变迁，已经完全"退耕还林"，但过去的生产方式则成为今日展示的对象，保留了过去各户各村的农地界碑等。而过去的牛厩羊圈，成了真实地再现当时畜牧生活场景的场所，连当地森林牧场中每一种草的标本都有展示，如哪种草有利于产奶，哪种草有毒，哪种草有利于牛羊的繁衍等，内容都标示得相当详细。

"生态博物馆"还设计了一个犹如藏族"转经筒"的圆状物，可以转动，上面详细地绘着一年的生活与农事历，在转这个木筒时，可以通过各种图标、图画和文字等，一目了然地看出整个村子的生产生活活动场景和周期，如什么时候村民迁徙到山腰进行畜牧活动，什么时候把牛群赶上山放牧，什么时候村民随着季节气候的变化又迁徙下来等。

有的村子还根据自己的特点，设计了称之为“圣道”的路线，作为生态博物馆的组成部分之一，其内容主要是反映村民的宗教生活，包括教堂，还有村民在随季节迁移过程中所用的路旁祭坛、反映耶稣受难的十字架、民间信仰中的神山等。圣道中还包括“圣屋”村民收藏的各个时期的宗教绘画、雕塑作品、宗教装饰品、圣经等，包括文艺复兴时期各种宗教题材的艺术品。

有的生态博物馆还包括“艺术和工艺之园”（art and crafts park），里面陈列着村里各种传统的工艺品和制作工艺品的工具，比如木纺织机、酿酒器具等。

除了那些有数百年历史的教堂、民居等古老建筑被精心保护外，村子里传统的磨坊、酿酒坊、打铁作坊、甚至过去烧炭的土窑等，都作为历史场景而保留了下来。村内历史悠久的房子，按原样保留下来，如果有的房屋内部或外部有局部破损，都严格地按照原样“修旧如旧”。此外，很多意大利乡村保留了浓郁的乡村节庆、传统歌舞、服饰等传统文化习俗，这也成为意大利乡村旅游和文化产业发展的重要资源。

乡村生态博物馆的理念和做法，为意大利保存了很多拥有丰富的历史文化遗产和民俗遗产的乡村，极大地推动了当地的旅游业。据调查，旅游业已经成为这些村子主要的收入来源。国内外相当多的游客慕名来一睹乡村生态博物馆，使来村子里度假的人逐渐增多，很多乡村已经不完全靠农业生活。

意大利的生态博物馆不仅仅有生态旅游和乡村旅游的功能，更为重要的是，它具有一种文化教育的功能。这种生态博物馆虽然有可观的经济效益，但它的社会效益更有意义。生态博物馆不仅仅是为了促进旅游，更重要的是通过一个个具体的村子的历史和文化，让孩子们知道自己故乡家园的历史，了解祖先们曾经经历过的生活和走过的路，了解他们所创造的物质和精神文化。

23. 结合实际情况，谈一谈“英国威尔士 SPARC 计划”的农家生态旅游发展概况。

英国西南的威尔士制定了乡村旅游计划来满足社区需求，推动经济发展、实现环境保护和文化传承等目标。乡村旅游计划最早是由法国乡村旅游协会、澳大利亚区域独立发展协会联合推出的，之后成为意大利农业旅游发展项目的一部分。世界银行、欧盟和世界旅游组织则为这个计划提供资金和技术上的资助。随着各国乡村农家旅游的深化发展，一个很重要的问题浮出水面：对适宜某一个地方的发展计划并不一定适合其他地方。但是，通过对乡村旅游发展成功的典型案例的研究分析和参考借鉴，有可能开创一套适合自身本土特色的乡村农家旅游发展计划。在现有的众多发展计划中，英国威尔士的“南部乡村社区行动的伙伴”（SPARC）计划具有很大的研究和学习价值。

SPARC 农村旅游业计划中的南彭布鲁克什尔位于威尔士西南半岛，是一个农村地区，包括大约 40 个村镇和 400 平方千米土地。景观是多种多样的，包括作为彭布鲁克什尔海岸国家公园的一部分的海岸区域、河口区域和绵延起伏的田野与河谷，一直延伸到北面的普雷塞利丘陵的山脚。

1992 年，SPARC 接受了欧洲联盟 LEADER 项目资助，以扩展它在整个南彭布鲁克什尔的弱势农村社区中的前身组织的一个试验项目，目的是在发展经济、改善当地生活和保护环境之间建立一个整体的行动计划。SPARC 不仅仅侧重于旅游业，而且也包括相关环境战略与农业战略。这三种战略全都有相互联系，而且被视为该计划的互补成分。

SPARC 思路的核心是在所有发展阶段都鼓励最大限度的社区参与：规划、实施与监测。具体行动有：

①鼓励已经参与 SPARC 计划的所有 37 个村庄的当地人民

都参与评议，以确认各自社区的问题和机会。

②保护传统文化、形成非入侵旅游形式。大多数社区在其行动计划中把农村旅游业确认为经济增长的一个潜在来源。然而，他们也要一种“非入侵型的并以该地区自然资源、景观、遗产和文化为基础的”旅游业形式。转换成 SPARC 的目标就是，促进环境上敏感的、会尊重当地文化并带来最大限度经济效益的农村旅游业。

③组织众多的合作者、专家和组织在相关领域互相帮助和支持。地方居民、合作者和 SPARC 在乡村旅游计划的实施过程中进行全方位的合作。来自于当地村镇的居民在专家的帮助下散发传单，对自己的文化遗产提供详细的信息。

1994 年，SPARC 成立了 Landsker 乡村度假局来组织和促销 Landsker Borderlands 区，并获得了欧盟 LEADER 计划的财政支持。在当地形成了 7 条主题旅游线路（适合各种旅游出行方式，包括公交车、小汽车、自行车甚至步行），每一条线路都高度凝结了当地的文化遗产，如 Chieftains 和 Princes、Arts 和 Literature、Makers 和 Wales 等。

这个乡村旅游计划的最终目标是：吸引更多的游客前来；推广当地的传统文化遗产；恢复历史遗迹；改善地方经济，提高居民生活水平；培训地方建筑保护工作人员的专业技能。同时，为了保持环境自然、减少遗迹破坏，Landsker 乡村度假局也推出了多种旅游服务来鼓励“Walk & Ride”的旅游方式，减少汽车排放废气对乡村的不良影响和环境污染。

SPARC 乡村旅游计划的主要目标是发展建立在当地民众、当地遗迹和环境基础上的高品位的旅游产品，依据社区的需求和愿望进行设计，在推动乡村旅游发展中取得了明显的成功。总结 SPARC 的成功，可以得出以下几点经验：广大民众的参与；专家的合作；战略体系的互补；清晰的战略规划和补充框架；SPARC 的轴心地位；区域工作方法和程序；产品的综合性；环境和文化的敏感性；漏损的有限性；旅游产品的多样性。

24. 西方发达国家农家生态旅游发展对我国有何借鉴之处？

(1) 强化政府的主导作用。旅游业是一个涉及面广的产业，政府宏观管理功能发挥的好坏，对农家生态旅游的发展状况影响很大。通过学习国外成熟模式，我们发现，国外的农家生态旅游是建立在农业高度发达的基础上，农民为了增加收入改善生活状况，自主积极地投入到发展农家生态旅游的行动中去，很多乡村自己成立了旅游企业组织和指导农户改造农舍，发展农家生态旅游。而在我国，由于目前农村经济的市场化程度还不高，农民的自我发展意识不强，农家生态旅游发展的初期很大程度上要靠政府的引导和管理体制上的支持；同时，基础设施和旅游服务设施条件相对落后，政府要为他们创造一个优良的基础设施环境。而且，随着农家生态旅游规模的不断扩大，农家生态旅游在空间集聚的同时，也出现了空间竞争，要形成区域旅游合作格局，发挥政府的支持和宏观协调能力十分重要。

(2) 围绕乡村特色开发旅游产品。农家生态旅游的本质特性是乡村性。通过分析国外乡村游的情况可以发现，游客们喜欢参观仍然维持小农生产的农场，追求淳朴的生活，享受在田间漫步、赶羊群的乐趣。很多国外的乡村都致力于保护村庄的原始风貌，修葺老旧的农舍，放弃现代化的农业生产工具而还原旧时的人力耕作，为的是能更好地展现传统的乡村气息，吸引游客前来体验享受。而在国内，一些农家生态旅游地为接待游客而兴建豪华旅店，传统建筑逐渐被现代建筑所替代，使农家生态旅游失去了其原有的特色，游客反而无法得到他们原本期望的田园生活。因此，要在体现乡村特色的基础上发展农家生态旅游，这样才能真正吸引游客。

（3）发挥地区特色优势。只有走个性化发展之路，农家生态旅游才能真正使旅游者的旅游活动丰富多彩。国外的农家生态旅游大多能够根据村庄独特的农家文化和风俗习惯，发展出属于自己特色的旅游模式，满足游客新鲜感和猎奇心态。而我国的农家生态旅游由于起步较晚，且急于盈利创收，所以发展模式不免千篇一律。

近几年，国内的农村也开始意识到农家生态旅游特色的重要性。许多村庄着重发展了独具特色的农家生态旅游方式，举办多种多样的乡村活动，如举办地方文化节庆。中国地域辽阔，地域文化差别较大，成为农家生态旅游的驱动力之一，地方戏剧、传统手工艺、绘画、音乐、器具、生活方式等都是地域文化的活化石，国内农家生态旅游发展可以经常举办文化节庆，既有利于扩大知名度，也有利于延续地方文化传统，保护非物质文化遗产和旅游资源。

（4）注重人才培训。农家生态旅游竞争的核心是人才的竞争。在农家生态旅游发展之初，特别是在进行农家生态旅游规划的时候，非常需要旅游专业人才的"外脑"，以快速引导农家生态旅游走上正轨。而在农家旅游的经营过程更是需要大量的专业管理和服务人员。立足自己培养服务人员和导游人员，这样有助于增强服务的特色，同时还能为当地提供更多的就业机会。

在国外，由于农村发展程度较高，农业人员数量较小，所以，在农家生态旅游的人才培养上各国都不遗余力。反观我国，由于农村人口众多，人才培训成本十分高昂，再加上对农家生态旅游的认识还不够全面。所以，农家生态旅游的人才培训大多没有得到足够的重视甚至忽略培训过程。很多农民急于通过农家生态旅游创收，直接放下农具创办起农家生态旅游。无论在农业的专业知识还是旅游服务规范上都达不到合格水平，导致了旅游质量下降，收入减少的情况。因此，对于我国的农家生态旅游发展要加强对农民的教育培训，不断提升农民办旅游的能力。

三、我国农家生态旅游的兴起与发展

1. 我国农家生态旅游形成的缘由是什么？

近年来，伴随全球农业的产业化发展，人们发现，现代农业不仅具有生产性功能，还具有改善生态环境质量，为人们提供观光、休闲、度假的生活性功能。随着收入的增加、闲暇时间的增多、生活节奏的加快以及竞争的日益激烈，人们渴望多样化的旅游，尤其希望能在典型的农村环境中放松自己。于是，农业与旅游业边缘交叉的新型产业——农家生态旅游应运而生。农家生态旅游作为一种新型的特色旅游，适应了农村经济的发展，顺应了旅游者回归自然的潮流。近些年来，国内的农家生态旅游从无到有，发展迅猛，农家生态旅游已经发展成为一个新的经济增长点。

2. 我国农家生态旅游兴起的背景条件是什么？

（1）国家政策的支持。为了“扶贫”和解决“三农”问题，国家推出一系列方针政策，政府把旅游作为传统农牧业的替代形式加以大力推广。通过农业和服务业的结合，农村大量剩余劳动力得以从传统农牧业中脱离出来，投入到旅游服务业中去。这样既提高了农村就业率，增加农民收入，又促进了农业结构的调整。据统计，中国在过去的 25 年，通过发展旅游直接受益的贫困人口有 6 000 万～8 000 万，占全部贫困人口的 1/4～1/3。

(2) 绿色理念的产生。现代工业文明给人类带来极大的物质财富和精神财富，但由于没有科学的可持续发展观的指导，城市发展的同时也衍生出一系列危及人类生存与发展的问题，如资源枯竭、环境污染、生态失衡等。为了摆脱这种困境、反思人类过去的行为，绿色理念应运而生。绿色理念注重人类的进步与发展要与自然环境的承受力相适应，注重有限制的资源开发利用，要求自然资源的开发与保护并重，达到人与自然的和谐统一。

农家生态旅游以无污染的自然生态环境为依托，以休闲和谐的乡村纯朴乡情为特色，正好满足了都市人回归自然、返璞归真的心理要求。在农家生态旅游中，人们感受到的是田园风光、自然风景，呼吸的是清新的空气，吃到的是新鲜的食物，体验到的是淳朴和谐的乡村风情，这是一种全新的感受，它把都市中人与自然、人与人之间的关系拉近了。人与自然的和谐统一，人与人的和谐相处，是现代都市人的追求，也是农家生态旅游产生和发展的基础。随着我国经济的发展和城市化进程的加快，城市居民对回归自然有强烈的心理需求，这种内在需求是农家生态旅游兴起的根本原因。

(3) 供需机制的影响。改革开放以来，我国国民经济飞速发展，居民收入大大提高，消费总支出越来越多，按照一般经济规律，人们在温饱状态下的消费主要集中在第一产业（农业）的物质产品上；在小康时期，人们的消费热点主要集中在第二产业（加工业）的物质产品（如彩电、冰箱、洗衣机等）上；小康水平以后，人们的消费热点必然转向第三产业，尤其旅游业所提供的非物质产品转移。可以说这种居民收入的迅速增加是农家生态旅游发展的动力所在。再加上双休日和“黄金周”等休假制度也为城市居民提供了足够的闲暇时间，使农家生态旅游成为现实的可能。另一方面，农家生态旅游因其投资少、规模小、见效快而成为农民致富的首选。所以由于供需机制的双重影响作用，而推动了农家生态旅游的快速发展。

3. 我国农家生态旅游兴起经历了怎样的发展过程?

(1) 第一阶段：萌芽阶段。这一阶段农业生产结构开始发生变化，从传统农业开始向现代农业转变，一部分农民利用自己的庭院和责任田从事旅游接待活动。若追溯我国农业旅游活动产生的历史，应该说它自古有之。古代文人墨客的郊游和田园休闲活动等，在很早就已产生，后来出现的城市居民到城郊远足度假旅游虽然十分活跃，但这种传统的郊游是以个人或家庭为单位的自助式的休闲和观光活动，他们外出旅游多是自发和自助式的，自己选择旅游地点，自己选择或准备交通工具，自己解决旅游过程中的食宿问题，即一切活动都自己解决。另一方面，他们的旅游对象也都未经过专门的旅游开发，处于一种“纯自然”状态。因而，他们的旅游活动一般也都没有明确的主题，仅是城市居民的一种休闲方式，不是现代的农业生态旅游。

(2) 第二阶段：发展阶段。这一阶段发展的指导思想为“先发展后规范”。农家生态旅游发展步伐大大加快，从事旅游接待的农户迅速增加，规模不断扩大。

真正意义上的农家生态旅游最早以农家乐的形式兴起在四川省成都市郫县友爱镇农科村。20 世纪 70 年代末，以宗竹林为代表的少数农科村青年农民，在自家的自留地上开始种植花草苗木。随着经济效益的显现，周围的人们从惊讶到眼红，再到跟从，农科村人摆脱了思想的束缚，逐渐使农科村成为川西平原上远近闻名的花草苗木种植和销售基地。随着改革开放深入人心和思想不断解放，到农科村购买花草苗木的人越来越多，好客的农科村人总是热情地免费招待远远近近的客人。由于接待来自四面八方的客人，农科村地道的农家菜和因种植苗木而形成的自然生态风光，逐渐吸引了一些游客，于是，1986 年，中国首批农家乐在农科村出现了。农家乐这一新鲜事物的出现引起了社会的关注，1987 年 4 月，成都日报上第一次出现了“农家乐”这一名词。一时间，农科村地道的乡村菜品和原生态的农业观光传遍了巴蜀大地。1992 年 5 月，曾担任四川省省委副书记、省政协主席的冯元蔚在考察了农科村之后，为徐家大院题写了“农家乐”，于是，这一新兴事物有了一个正式的名称。此时，整个农科村已有近 40 家农家乐，主要形式是利用本乡生态优势，组织部分农户利用自家小院接待游客。游客在农户家花十元人民币吃玩一天，或者十五元吃住一天一宿，深受欢迎。农业旅游逐步成为大型休闲农家乐和观光农业基地，并被中央领导肯定。

(3) 第三阶段：“品牌化、规范化”阶段。经国家旅游局验收合格，授予首批“全国农业旅游示范点”称号，标志着农家生态旅游进入树立形象和打造品牌的新阶段。

随着农业结构的调整和农业高新技术的应用，各地、市、城郊及乡镇结合自己的农业特点、自然资源和文化遗产，相继建成了具有一定规模和一定面积的高新农业科技示范园区。这些园区内，主要栽植果树优良品种、稀有蔬菜和新潮花木，在绿化设计和道路规划方面遵照了园林的规划原则与要求，有的还设立了一些园林艺术小品和其他娱乐服务设施。整个园子除生产农副产品之外，还可供人们参观游览，这就是农业观光园的雏形。而这些项目的开展，大多是设在农业资源基础好、特色明显、交通便利的城郊结合部。如浙江金华石门农场的花木公园、自摘自炒茶园，建阳县黄坨乡蛇园、东山县“海上新村”、“鲍鱼观尝村”，云南西双版纳热带雨林、傣族的民舍，广西柳州水乡农家生态旅游区，安徽黄山休宁县凤凰山森林公园，山东枣庄石榴园，吉林净月坛人工林场，四川三台新鲁橄榄林公园，海南亚珠庄园，上海浦东“孙桥现代农业开发区”，四川成都市郊区的“小农庄度假村”，富阳县的农业公园，福建漳州的花卉、水果大观园，厦门华夏神农大观园，河南周口市“傻瓜农业园”、睢阳县的绿雕公园等。这些农业观光基地大多项目独特，条件优越，既可观光游览，又可度假，还有许多农业节活动相辅，逐步形成具有中国特色的农家生态旅游基地。

4. 国家旅游局制定了哪些发展农家生态旅游的相关政策？

（1）1998 年，国家旅游局开展“华夏城乡游”旅游年主题活动，“吃农家饭、住农家屋、做农家活、看农家景”成为农村一景，休闲农业旅游成为我国旅游业发展的方向之一。休闲农业主要有科技观光体验、休闲度假、生态旅游、垂钓餐饮等几种类型。科技观光体验通过先进的现代科技的宣传、示范、推广，向人们展示现代农业的风采，体现现代农业的乐趣。休闲度假型为游人提供休憩、游乐、就餐、住宿等服务，满足游客回归自然、享受宁静安逸生活的消费需求，让游人尽享生态自然之美、农家风情之乐。生态旅游型以绿色、生态、自然的农业产业带和农业资源为载体，为游客提供观光赏景、采摘、游玩等项目，使人们领略到生态农业的大自然情趣。垂钓餐饮型是一种功能较为单一的休闲农业，凭借其富有地域特色和独到的资源优势，为人们提供垂钓、捕捞、加工等服务，让游客品尝原汁原味的农家菜，体验淳厚的农家风景。

（2）1999 年，由国家旅游局、国家环保总局、国家林业局、中国科学院主办的“中国生态环境游”启动。该活动以“99 昆明世界园艺博览会”为契机，秉承“人与自然——迈向 21 世纪”的世博会主题，确定了自己的主题：“走向自然、认识自然、保护环境”，宣传口号有：

①走向自然，认识自然，保护环境；

②返璞归真，回归自然；

③生态环境游——时尚的选择；

④青山秀水探净土，清风明月近自然。

1999年，国家旅游局同有关部门逐步规划开发，建设了一批生态旅游区。目前，我国生态旅游形式已从原生的自然景观发展到半人工生态景观，旅游对象包括原野、冰川、自然保护区、农村田园景观等，生态旅游形式包括游览、观赏、科考、探险、狩猎、垂钓、田园采摘及生态农业主体活动等，呈现出多样化的格局。

（3）中华民族有着悠久的历史、灿烂的文化，五千年的历史文明传承，培育了中国人民勤劳勇敢、淳朴善良的传统美德，也形成了自己独特的生活方式、饮食习惯和民间习俗。丰富多彩、富有特色的中国百姓生活已成为中国文化的重要组成部分，同时也构成了极富人文价值的旅游资源。据此，国家旅游局将2004年旅游主题确定为“中国百姓生活游”，并指出：中国的百姓生活独具东方特色，无论是民居、饮食、服饰，还是娱乐、节庆和风俗，都体现了五千年来中华民族为自由、独立与解放而英勇奋斗的光辉历史，体现了中华民族良好的精神风貌和道德情操。确定百姓生活游的主题，目的就是让海外旅游者深入中国的社会、深入中国的实际，去体会独具特色的中国百姓生活，体察和学习中国劳动群众创造的优秀文化。

（4）为贯彻落实中共中央十六届五中全会精神和2005年中央经济工作会议部署，落实党中央、国务院关于“要扎实推进社会主义新农村建设、进一步做好‘三农’工作”的战略安排，更好地发挥旅游在建设社会主义新农村中的优势和作用，国家旅游局将2006年的旅游主题确定为“2006年中国乡村游”，宣传口号为“新农村、新旅游、新体验、新风尚”，要求各地旅游管理部门和各类旅游企业认真贯彻上述精神，紧密结合本地旅游业发展实际，将“旅游产业促进社会主义新农村建设”作为本地区旅游业发展的重要目标之一，研究制定切实可行的工作方案和措施，进一步加强旅游宣传和农业旅游、农家生态旅游产品项目的开发，以推动农家生态旅游更快更好发展，为建设社会主义新农村做贡献。

（5）2007年3月20日，国家旅游局与农业部签署了关于促进社会主义新农村建设与农家生态旅游发展合作协议。

为深入贯彻中央关于建设社会主义新农村的战略部署，充分利用“三农”资源发展旅游业，全面拓展农业的功能和领域，积极促进农民增收致富，扎实推进社会主义新农村建设，国家旅游局、农业部决定共同推进农家生态旅游工作，“十一五”期间，在全国范围内共同组织实施农家生态旅游“百千万工程”，建成具有农家生态旅游示范意义的100个县、1 000个乡（镇）和10 000个村，使已有农家生态旅游项目得到明显提升和完善，基本形成种类丰富、档次适中的农家生态旅游产品体系和特色突出、发展规范的农家生态旅游格局，满足人民生活水平提高对旅游消费的需求。同时，通过发展农家生态旅游，增加农民收入，改善农村人居环境，加快城乡统筹发展，为新农村建设和构建和谐社会做出贡献。

双方决定，成立全国农家生态旅游工作领导小组与工作机构，共同承担农家生态旅游发展的调查研究、组织推动、工作指导、服务协调、政策研究、规范管理、典型推广等工作。近期将重点在发展现代农业“一村一品”、改善农村基础设施、营造农家生态旅游发展环境等方面开展合作。期望通过5年努力，使我国农家生态旅游的辐射范围进一步扩大、旅游项目进一步拓展、基础设施进一步完善、整体水平进一步提高，实现农家生态旅游与新农村建设相互促进、共同发展。

（6）2009年，国家旅游局将全国旅游主题确定为“中国生态旅游年”，主题口号为“走进绿色旅游、感受生态文明”。并指出：近年来，我国生态旅游快速发展，业已成为一种增进环保、崇尚绿色、倡导人与自然高度和谐的大众化旅游产品类型，深受海内外游客喜爱。举办2009中国生态旅游年，旨在进一步加大生态旅游产品推广力度、广泛宣传环境友好型旅行旅游理念、大力倡导资源节约型旅游经营方式、切实满足不断升级的旅游消费新风尚，把我国旅游业建设成为遵循可持续发展原则的绿色产业。要求各级旅游部门以“2009 中国生态旅游年”为主线，在产品开发、市场推广、经营管理、消费引导等关键领域和重要环节，丰富生态内涵、提升生态品质、强化生态关切，做好主题演绎和口号宣传，切实营造出关注、参与、推动生态旅游发展的良好社会氛围。

这一系列政策，为旅游部门发展新型旅游业指出了新方向；对广大农村来说，是发展农家生态旅游的新机遇。农家生态旅游作为生态旅游发展的最具规模、最有代表性的形态，对促进我国旅游发展，实现旅游大国向旅游强国的跨越，具有重要的现实意义。

5. 我国目前有哪些以农家生态旅游为主题的官方网站？网站主要有哪些板块内容？

2007 年 12 月 14 日，农业部和国家旅游局共同主办的“中国休闲农业网（中国农家生态旅游网 www.crr.gov.cn）”开通。中国休闲农业网（中国农家生态旅游网）是由农业部、国家旅游局主办，农业部农村社会事业发展中心承办，农业部信息中心、国家旅游局信息中心为技术支持单位的政府网站。该网站按照“政府引导、服务市场，统筹协调、资源共享，起点求高、内容求精，快速起步、逐渐完善”的要求，以各级农业和旅游行政管理部门、休闲农业与农家生态旅游提供者和消费者、农家生态旅游相关服务机构等为服务对象，创建了政府服务、游在乡村、活动专题及互动沟通四个功能板块，共 20 多个数据库。该网站的开通，为各级农业和旅游部门、休闲农业和农家生态旅游经营管理者、广大农民和旅游者提供了一个广泛的信息服务平台；有利于更好地宣传农家生态旅游、促进农家生态旅游、提升农家生态旅游，有利于促进农家生态旅游与观光休闲农业的全面结合；将成为宣传我国农家生态旅游和休闲农业的重要窗口，同时为广大旅游者了解相关信息、寻找休闲农业和农家生态旅游目的地提供了一条便捷的网络通道。

6. 我国旅游协会休闲农业与乡村旅游分会成立于何时、何地？

为深入贯彻党的十七大和中央1号文件精神，加强对休闲农业和乡村旅游的组织领导，促进休闲农业和乡村旅游事业的发展，经农业部和国家旅游局共同研究，决定成立中国旅游协会休闲农业与乡村旅游分会，并报经民政部批准。2009年10月26日，农业部和国家旅游局共同组建的“中国旅游协会休闲农业与乡村旅游分会”在浙江省安吉召开了成立大会。

7. 云南省农家生态旅游发展经历了哪些阶段？

在20多年的旅游发展过程中，伴随着全省旅游业的快速增长与发展，云南省积极探索和实践发展乡村旅游的路子，大体上走过了三个发展阶段：

（1）自发发展乡村旅游阶段。20世纪80年代，随着云南旅游的起步发展，云南乡村旅游也开始起步，首先在旅游发达的地区产生，如昆明石林旅游风景区旁边的五棵树村，大理蝴蝶泉边的周城，西双版纳的曼景兰村，德宏瑞丽的大等喊村等，农民依托旅游景区的建设和发展，自发地开展领略民族风情、体验农家生活、品尝民族风味、提供乡村民居旅馆、销售民族工艺品等各种各样的乡村旅游活动，既丰富了这些旅游景区的旅游活动内容，又促进了旅游景区周边农民的脱贫致富。

（2）倡导发展乡村旅游阶段。进入90年代后，云南旅游进入培育支柱产业的发展阶段，在政府的倡导和指导之下，云南乡村旅游进入了快速发展时期。1992年，省政府在西双版纳召开旅游发展会，提出积极发展边境旅游、民族文化旅游和乡村旅游；1994年，省政府又在滇西北召开现场办公会，提出依托自然景观、民族文化、村寨特色，加快发展以体验自然风光、领略民族风情、感受乡村民俗为内容的观光旅游；1995年，省委、省政府做出培育旅游支柱产业决策之后，又于1997年召开全省五大旅游区规划会议，并把乡村旅游作为重要旅游产品，提出要积极开发和发展。在政府的积极倡导和推动之下，全省乡村旅游迅速发展，到90年代末期涌现出了一大批具有一定规模的乡村旅游点，如昆明西山团结乡的“农家乐”、香格里拉县的“藏民家访”等，促进了旅游业的快速发展。

（3）大力发展乡村旅游阶段。进入21世纪，随着人们收入水平的提高和生活质量的改善，旅游不仅成为人们生活的重要组成部分，而且旅游活动的内容和形式也在不断拓展，为乡村旅游的大发展带来了广阔的空间。为促进乡村旅游的发展，省政府于2000年召开了全省乡村（民居）旅游发展会，在认真总结前一阶段乡村旅游发展经验的基础上，提出发挥少数民族地区的旅游资源优势，大力发展乡村（民居）旅游，带动少数民族贫困地区脱贫致富，推动农业产业结构调整，促进农村经济社会发展。

经过多年的培育建设，全省乡村旅游已经进入一个新的发展阶段，保持了较快的发展速度，特别是在“假日旅游”的推动下，更是呈现出良好的发展势头。以乡村旅游的重要组成形式“农家乐”为例，2008年，全省已有昆明、楚雄、红河、临沧、大理、丽江、迪庆等16州市7 100多家农户开展了“农家乐”，绝大部分农户年收入超过万元，部分农户高达5万～10万元。农家乐已成为云南省新兴的旅游产品，得到了国内外游客特别是本省城市居民的喜爱。作为适应市场需要而产生的新兴旅游产品，乡村旅游由小到大，由弱到强，业已成为云南省旅游的又一支点和亮点。

8. 上海农家生态旅游兴起的最初代表是什么？

上海农业旅游起步于20世纪90年代初。1991年南汇县举办了第一届“南汇县桃花节”，这是上海农家生态旅游兴起的最初代表。

9. 北京市旅游局为普及推广和规范发展农家生态旅游制定了什么相关标准？

为普及推广和规范发展自助创新型农家生态旅游，北京市旅游局委托专业机构制定了《北京市乡村旅游特色业态标准及评定》。该标准于2009年11月1日起实施。该系列标准是立足于北京乡村旅游的实际管理和服务水平而设置的科学、合理的管理和技术要求，为“一区一色、一沟一品”乡村旅游发展目标奠定了理论基础和推进依据，也极大地便利了乡村旅游的后期管理。

10. 山东省农家生态旅游发展现状怎样？

山东省的农业经济发展为农业旅游的开展奠定了良好的基础，提供了充足的资源保障。从19世纪90年代末，在山东沿海地区已经开始尝试以“住渔家屋、吃渔家饭、做渔家活、享渔家乐”为主要内容的渔家乐民俗旅游，其中最具代表性的有日照王家皂、烟台长岛县等。以日照为例，从1999年开始开展“渔家乐”农业旅游，从无到有，每年以百分之几十的速度递增，成为日照市旅游业的拳头产品。目前，日照市已经有20个村3 000多户搞民俗旅游，接待总床位已经达到8万多张，平均每个“渔家乐”家庭年收入达4万元，多的达到10多万元。2004年14个村接待了300多万游客，旅游收入达4亿元，其中王家皂、任家台、桃花岛3个村被国家旅游局命名为“全国农业旅游示范点”，日照已经成为全国最大的“渔家乐”农业旅游基地；2008年1～9月份，日照市累计接待境内外游客666.09万人，比上年同期增长了47.4%，旅游收入为37.77亿元，同比增长了67%；特别是2008年“十一”黄金周，该市共接待游客53.1万人次，实现旅游收入9 601万元，同比分别增长23.5%和36%，在山东省分别排第4位和第1位，其中“渔家乐”功不可没。

同时，以农林种植和果蔬采摘为主题的农家乐旅游也纷纷兴起。其中最具代表性的有寿光林海生态博览园、枣庄石榴园风景名胜区、肥城十万亩肥桃园、费县石林梨乡旅游区、沾化冬枣生态区、蒙山农家乐旅游区等。随着山东省农业旅游的深入发展，农业旅游的形式日益多样化，大致可以分为：

①传统民俗节日旅游。挖掘山东传统民俗和逐渐消失的娱乐游戏、戏剧等文化活动项目。其中，最具代表性的有淄博市周村民俗游、泰安市岱岳区下港乡马蹄峪民俗村、济南市朱家峪民俗旅游区、莱芜市王石门民俗村、滨州市惠民县胡集书会、潍坊市安丘石家庄民俗村等。

②乡村美景观光旅游。山东省农业资源异常丰富，粮食、果蔬种植面积在全国居首位，为开展乡村观光旅游提供了有利条件。其中，最具代表性的有莱阳梨花节、肥城桃花节、莱州月季花节、平阴玫瑰节等。

③乡村体验性旅游。农业旅游的最大吸引力莫过于给旅游者带来无穷乐趣的体验性旅游产品，如实地采摘果蔬、干农活、玩农村传统游戏、参与农村传统文化活动等。其中，最具代表性的有平阴县圣母山葡萄采摘节、“中国冬枣之乡”沾化县冬枣节、烟台大樱桃采摘月、潍坊杨家埠年画民俗游、烟台牟氏庄园过大年主题游等。

2004年，国家旅游局命名了首批203个“全国农业旅游示范点”，其中山东省有25家，排名第一。

11. 浙江省农家生态旅游有哪些有代表性的景区？

浙江乡村旅游近年来蓬勃发展，成为做大做强全省旅游产业新的增长点。目前浙江乡村旅游已初具规模，分别形成了围绕杭州、宁波与温州的三个环城游憩圈和环杭州湾运河—水乡—古镇乡村旅游带、浙东沿海海岛—沙滩—渔情乡村旅游带、西南山区秀山—民俗—丽水乡村旅游带三个乡村旅游带，以及杭州乡村休闲区、浙北运河古镇旅游区、绍兴古越文化旅游区、宁波东钱湖—河姆渡乡村旅游区、台州神仙居—天台山乡村旅游区、温州雁荡山—楠溪江乡村旅游区、丽水绿谷乡村旅游区、衢州宗孔庙—石窟文化旅游区、金华商贸文化旅游区、滨海乡村旅游区（包括舟山、台州、温州）等十个乡村旅游区。以“三带十区”为基本架构，各地乡村旅游点星罗棋布，形成了“三圈、三带、十区、多点”的旅游发展新格局。“十一五”期间，在全省创建10个以上旅游经济强县、100个旅游强镇和1 000个特色旅游村为主要内容的旅游“十百千”工程将旅游特色村作为其中的一项重要创建内容。

12. 简述我国农家生态旅游的发展现状。

自1998年国家旅游局把该年的旅游主题定为“华夏城乡游”，以“吃农家饭、住农家院、做农家活、看农家景”为主要内容的农家生态旅游的风潮在全国兴起了。国家旅游局随后推出的“99生态旅游年”，“2004中国百姓生活游”以及2006年推出的“中国乡村游”等都极大地推动了我国农家生态旅游的发展。后来逐渐形成在北方以北京为中心，长江中下游以上海为中心，东南沿海以珠江三角洲为中心，西南地区以成都为中心的建设格局。目前我国各地的农家生态旅游开发正朝着集观光、考察、学习、参与、康体、休闲、度假、娱乐于一体的综合型方向发展。

从2009年10月11日举行的“中国（安吉）休闲农业与乡村旅游发展高层论坛新闻发布会”上获悉，我国休闲农业与农家生态旅游正呈现迅速发展的喜人态势，截至2009年8月，仅经营农家生态旅游的农户即已接近130万家，形成了806亿元的年经营收入，带动近200万城乡人口就业，安排农民就业159万人，实现农民增收257亿元，带动农产品销售收入352亿元。浙江、江苏、湖南、安徽等14个省、直辖市、自治区的休闲农业园区达到43 035家，其中年产值500万元以上的有2 823家。仅在地处中部的江西省，就已有各类休闲农业和农家生态旅游园区或企业1 467家，直接安排以农民为主的从业人员80 320人，间接带动农民就业60 540人，年营业收入超过48亿元。农家生态旅游正日益成为农村二、三产业的重要组成部分，成为缺乏工业或不能搞工业的农村地区，尤其是山区、半山区新农村建设的有效途径。

13. 我国农家生态旅游发展的特点是什么？

（1）客源市场。客源是旅游业的生命线，一个地方要想发展旅游业也必须有一定的旅游门槛人口，客源的多少决定了旅游资源开发的深度和广度。受距离、价格、交通和信息、旅游地接待条件以及知名度制约，参与农家生态旅游的外地游客甚少。目前，我国三类旅行社组团的重点是以组织本地区居民到外省市或外地区进行中、长途旅游为主，仅少数旅行社涉猎此类旅游产品，但大多数缺乏完整性，仅提供交通和住宿服务，缺乏宣传、促销，使市民对旅行社组织的双休日旅游缺乏足够认识，导致客源市场以国内都市团体游客组织形式为主。

（2）消费水平。一般来说，当恩格尔系数小于40%，用于休闲旅游的支出才会有较大增长。20世纪90年代以后，我国居民购买食品的支出占生活费用的比例远高于40%（发达国家为

20%），而用于娱乐、文化、教育的比例为10%左右，反映出我国城市居民的休闲旅游仍以中、低消费水平为主，而农家生态旅游产品仍以初级水平的观光为主，因此在消费构成中，以交通、餐饮、住宿开支为主，娱乐、购物等其他开支较低，导致整体消费水平降低。

（3）空间分布。分析比较我国各地农家生态旅游形成过程，对其成因及特征形成影响最大的因素是区位，目前主要分布在如下三种类型地区：一是景区边缘地区，主要依托于一些著名风景名胜区发展起来的附属产品。它开始于20世纪80年代初期，这是我国农家生态旅游开展最早的地区。主要为游客提供餐饮、住宿，价格低廉，民风淳朴，旅游旺季时可成为景区周围宾馆和饭店的补充。但因远离都市客源市场和原有风景名胜区的阴影效应，发展缓慢，游客也明显随着旅游淡旺季而增减。二是老少边贫地区，是20世纪80年代中后期在国家旅游扶贫政策指导下陆续发展起来的，多为山区，不具备交通区位优势，工业欠发达但是尚未受到辐射或极少辐射的地区。因此，至今还保留着近乎原始而秀美的自然环境、传统的农耕文化和纯朴完美的民族风俗，构成特色浓厚、带有极强文化和生态色彩的旅游地，但因交通和区域经济落后制约，发展缓慢。三是都市郊区，是20世纪80年代末期至90年代初期利用都市良好的自然生态环境和独特的人文环境、地缘和区位优势、便利的交通条件迅速发展起来的，是目前农家生态旅游的主流。以上海、北京为代表的大都市城郊农家生态旅游，其优势表现为直接面对稳定而庞大的客源市场；以成都、昆明为代表的中等城市的城郊农家生态旅游，既有一部分现代科技景观、现代聚落景观，又有一部分田园风光和农村聚落景观。以宣威、绵阳为代表的小型城市的城郊农家生态旅游，绝大部分是田园风光和农村聚落景观。

（4）时空分布。游客在一定条件下总的出游力是有限的，在特定时段、背景下只能到访一定数量、分布于一定范围内的目的地。中国城市居民旅游和休闲出游市场随距离增加而衰减，80%的出游市场集中在距城市500千米以内的范围内。受中小尺度旅游者空间行为特征、城市辐射力强度以及目前城郊农村度假条件较差等因素影响，参与农家生态旅游的游客一般开展以城市常住地为节点，向周边地区辐射的近程城郊一日游或二日游。

14. 发展我国农家生态旅游有什么重大意义？

(1) 有利于增加农民收入，提高农民生活水平。十七届三中全会提出2020年“农民人均纯收入比2008年翻一番”。2008年预计农村人均纯收入大约在4 500元左右，到2020年人均纯收入应该达到10 000元左右，这是一个宏伟的目标。为实现这一目标，农村发展除了“加强农村制度建设”和“积极发展农村公共事业”外，“积极发展现代农业”成为主要途径。“现代农业”不仅仅是农业生产方式的改变，更应该是农村生活方式和农业生产观念的改变。农家生态旅游恰恰是充分利用农村资源开展的旅游活动，其依托的资源主要是广大农村地带的自然景观、田园风光和农业资源等，而这些资源的所有者和创造者都是农民。农民可以将一般的生活资料和生产资料转化为经营性资产，具有投资少、风险小、门槛低、经营灵活的特点。农民作为所有者、经营者和劳动者三位一体，劳动力与土地、资本相结合，自主经营，创造财富，从农家生态旅游发展中直接受益，避免了传统旅游开发中因土地和资源被占用而返贫或受益不均的问题。比如云南梅里雪山下的明永村，本是一个非常贫困的边远山区乡村，梅里雪山景区开发以后，吸引村民参与景区服务，仅通过驮马运送游客，每户年均收入就达1.5万元，最高的超过4万元，不仅摆脱了贫困，而且初步走上致富的道路。成都近郊的红砂村，农民办起农家生态旅游，人均收入达5 040元。

(2) 有利于解决部分农村富余劳动力就业。在2003年初的中央农村工作会议上，温家宝总理指出：解决“三农问题”，一是要增加对农业和农村的投入，二是要推进农村税费改革，三是要加快农村富余劳动力的转移。农村富余劳动力的转移是我国经济社会发展中的重大战略问题，它不仅关系到农村经济乃至整体宏观经济的发展，也直接影响着整个社会的长治久安。目前我国虽已有1亿多农村劳动力走出农业领域，但仍有2亿左右的剩余劳动力，而且每年还要新增600余万。这些剩余劳动力的文化程度普遍较低、技能缺乏、就业竞争力不强。过多的农村剩余劳动力制约着我国农村经济的发展。

发展农家生态旅游可提供大量的就业机会，缓解农村就业压力。旅游业属于劳动密集型产业，就业门槛较低，数量多，受经济衰退影响小，产业带动功能强。与旅游业直接相关的行业有24个，间接相关的行业有124个，能吸收较多的劳动力就业。世界旅游组织认为，旅游业每增加一个就业岗位，能为社会创造6～8个就业机会，乘数效应极大。农家生态旅游涉及的吃、住、行、游、购需要大批的相关从业人员，这就增加了农民的就业门路，使农业富余劳动力就地转移。相比城镇化转移，这种转移还可以解决农村留守老人、留守儿童、农田荒废、农业边缘化等问题。事实上，农家生态旅游对农村社会的综合带动功能远远大于它直接的经济效益。

（3）有利于调整农村产业结构。从整个社会经济发展的角度看，农家生态旅游不仅对第三产业中的商业、饮食服务业的发展具有极大的促进作用，而且能带动一、二产业的发展，从而带动整个地区产业结构的调整和优化，促进当地社区的发展。

我国农村以种植业为主，第三产业比例小，农业经济效益较低。农家生态旅游市场的兴起，为第一产业向第三产业过渡架起了桥梁，带动了种植、畜牧、水产、蔬菜、花卉业的发展，提高了产品的附加值，实现了农业、养殖、农产品加工业、旅游业之间产业链的相互延伸。如昆明西山区团结乡，利用距昆明市城区较近、生态环境较好的优势，大力发展“农家乐”农家生态旅游。不仅带动了全乡粮食、禽蛋、水果、蔬菜等农副产品的流通和销售，而且培育了一批“绿色养殖业”专业户，加大了油葵、玉米、水果、蔬菜等新品种和种植现代技术的引进和推广，促进了袋装野菜系列旅游商品的开发和加工，发展了多家酱菜、果品、肉食腌腊加工厂，推动了农业产业结构向高产、优质、高效、生态、安全和深度开发和加工的方向调整和发展。

（4）有利于加快“城乡一体化”进程。2020 年将实现“农村经济体制更加健全，城乡经济社会一体化体制机制基本建立”的目标。中国长期以来实行城乡分割的二元社会经济结构，城市和农村“分而治之”，重城市、轻农村，城乡差别持续扩大，已经成为社会经济发展中的突出矛盾。发展农家生态旅游有利于加快城乡一体化进程，缩小城乡差别。首先，发展农家生态旅游能够提高城乡间的财富转移速度。农家生态旅游的旅游者主要是城市人口，统计资料显示，城市旅游者每次的旅游消费平均在 766 元左右，按一半费用计算，接待 1 000 人次的旅游者，就会带来 38 万元的收入，会在很大程度上加快城市财富向农村的转移速度；其次，发展农家生态旅游能够进一步加快乡村基础设施建设步伐。新农村建设的重点主观上会推动农村政府对基础设施的建设，这本身就为农家生态旅游奠定了基础，而旅游的可进入性特征客观上也要求乡村基础设施不断完善，获取的旅游收入又会反过来促进基础设施的建设；再次，发展农家生态旅游能够促进城乡精神文明对接。二元的社会经济结构必然会形成二元的城乡文化结构。通过发展农家生态旅游，会加快城乡居民文化的协调统一，有利于社会精神文明的建设。

（5）有利于营造良好的农村人居环境。农家生态旅游的发展对农村的基础设施和服务设施提出了更高的要求，客观上促进了农村人居环境建设，美化了环境。另外，旅游业的发展也促进了农村传统民俗文化的回归与传承。农村开发旅游，加强了水土保持，环境治理，带动了农副业、加工业和服务业的全面发展，特别是在保护、开发利用和传承民族历史文化和自然文化方面发挥了十分独特的作用。如湖南省长沙县黄兴镇加大旅游基础设施配套建设，打造20平方千米的黄兴山水园林新型城镇，切实有效地改变了农村面貌。

15. 目前我国农家生态旅游发展中存在哪些问题？

（1）经营理念落后，产品缺乏品牌特色和文化内涵。农家生态旅游的经营者文化素质普遍偏低，经营理念相对落后。目前，农家生态旅游的经营主体是农民，因其文化素质不高，加之小农思想影响，使得农民的思维特征偏于实用理性，只注重自身经济效益，却无视社会经济效益，对于农家生态旅游的发展缺乏全局和长远的考虑。

特色和品牌是吸引游客的关键因素，农家生态旅游开发的初衷，就是为了给城市居民提供一种变换城市生活方式的环境，提供一个认识农村的机会。而事实上，现在农家生态旅游经营农户的经营理念雷同化的倾向严重，品牌意识淡薄，旅游产品文化含量低。提供的休闲旅游产品内容单调，仅限于麻将、棋牌、卡拉OK等娱乐产品，缺乏品位和个性化色彩；对生态文化、乡土文化、乡村民俗等文化内涵没有深入挖掘。游客在旅游活动中缺少健康的娱乐休闲项目和健身的参与性活动及文化的学习性活动。这就忽视了当代游客的多元娱乐需求和追求健康雅致型消费方式的潜在需要，导致游客消费方式呈现快进快出的浅层旅游状态，重游率低，不能适应现代旅游市场的需求。

（2）经营资金缺乏，缺少统一规划。现阶段我国的农家生态旅游经营大多以家庭为单位开展经营活动，所以在资金投入方面有一定难度。由于业主前期投资较大，资金回收缓慢，而游客品位要求越来越高，加之经营项目无特色，再投入乏力，久无变化，部分生意萎缩，甚至难以维持经营。

由于缺乏对地理位置、自身资源、本地政策、市场需求、基础设施、乡村民俗的调研，及对环境承载力的评估，导致经营农户盲目投资上项目，所开发的旅游产品没有进行科学的可行性论证。有些地方在开发建设上脱离了朴素、自然、协调的基本原则，片面追求规模大和现代化，不仅脱离了农家生态旅游的内涵，而且破坏了环境和谐，从而降低了旅游吸引力。

（3）管理体制不健全，服务水平参差不齐。目前，农家生态旅游尚未纳入旅游或工商部门的正式管理范围之内，也未向税收部门纳税，其开业、停业都较随意，有些农户为节约成本，找几个“亲戚”就开始经营，还有些根本不具备经营条件也就地开张。因此，一些农家生态旅游存在“宰客”现象，严重影响了农家生态旅游的形象。

农家生态旅游的开办者大多是当地的农民，文化水平相对较低，他们没有经过专门的业务培训，服务意识和服务质量较差，整体接待水平较低。而游客旅游的一个重要目的就是在娱乐的同时享受优质的服务，游客在需求不能得到很好的满足时必然会对农家生态旅游大打折扣，从而不利于农家生态旅游的长远发展。农家生态旅游虽然数量不少，但规模小，大多处于无序状态，每个农家生态旅游各自为战，没有统一服务标准和服务理念，很难做大、做好、做强。

（4）基础设施不完善，环境卫生质量不达标。农家生态旅游开展地区一般是市郊和农村地区，很多地方基础设施建设滞后，影响了旅游的开发。首先，交通问题突出。通往农舍的道路较差，交通不太方便。由于外地游客对当地地理环境不熟悉，而又缺少明显的指示牌，可进入性差。其次，休闲设施欠缺。很多农家生态旅游休闲设施过于简陋，缺少可供游人舒适停留的设施，如树荫下的凉亭、坐椅、茶室等。再次，配套设施不齐全。医疗保健站、药店、小超市、理发店等配套设施都还不健全。此外，供水、供电不足、排污不畅、垃圾和生活污水随意排放，这些都影响了农家生态旅游的可持续发展。

由于长期以来不良的卫生习惯及卫生基础条件欠缺等原因，农家生态旅游的卫生状况不达标现象严重。据不完全统计，目前大部分的农家生态旅游没有卫生许可证和营业执照，从业人员没有健康证，住宿和饮食环境卫生、安全存在严重的隐患。2004年广西桂林农家生态旅游中出现的80多名游客群体中毒事件就是一个例子。

近几年，一些地方对农家生态旅游给予保护的政策，大量发展，特别是在连点成片地方的农家生态旅游地区，随着经营规模的扩大，带来了一系列的环境问题。以几年前火爆一时的松华坝片区农家生态旅游为例，这里地处昆明市饮用水源区，但是很多农家生态旅游产生的垃圾仍用火烧，生活污水也随意排放，成为松华坝水质恶化的一个重要原因。因此，对农家生态旅游的卫生、环保状况进行严格的监督管理势在必行。

（5）宣传力度不够，促销意识不强。大多数农家生态旅游经营者市场促销意识不强，缺乏主动宣传和参加集体促销的积极性。加之经营规模小而分散，与旅行社等服务机构联系不密切，没有形成较完整的宣传营销网络体系，导致其资源和产品的知名度难以扩展，品牌效应难以形成。

16. 农家生态旅游有哪五种有效的体验营销方式？

（1）娱乐营销方式。有农作物的耕种、采摘、攀岩、垂钓等项目；

（2）情感营销方式。适合于结伴而行，或是与朋友、家人、同事，远离城市的喧嚣，呼吸新鲜的空气，放松心情的体验方式；

（3）氛围营销方式。通过果园、耕地、农家的院落、古朴的景观，营造一种乡村气息；

（4）文化教育营销方式。包含民俗文化、农耕知识；

（5）审美营销方式。山青水秀、鸟语花香，体验大自然的勃勃生机。

但游客对这五种营销模式的重视程度并不是平均的。据调查，消费者特别重视的有娱乐营销、审美营销和情感营销。所以农家生态旅游经营在农家生态旅游风景与环境、娱乐项目、情感交流方面要特别注意。农家生态旅游经营的价值就在于给消费者难忘的体验，体验营销对农家生态旅游的发展举足轻重。

17. 农家生态旅游项目开发中，如何做到科学规划、合理开发?

农家生态旅游项目开发中，规划滞后带来的结果要么是资源破坏，要么是资源闲置，缺乏规划或低水平规划的开发容易形成盲目性，导致破坏性。那么，因地制宜地设置旅游项目，做到科学规划、合理开发，就显得尤为重要了。要做到统筹规划，因地制宜，在旅游资源质量高、交通运输条件好、经济基础比较好、旅游热点附近的农村应加速农家生态旅游业的发展，重点开发有特色的农家生态旅游项目，建设风格独具的农家生态旅游基地。只有科学制定规划、合理进行开发，才能保证农家生态旅游发展更加规范有序。

在开发上，要以市场需求为导向，强调城乡文化差异。城乡文化差异是城市居民向往农家生态旅游的深层次动因。城市居民去农村观光、休闲、度假的目的，就是观新赏异，体验清新、洁净的乡村生态环境和悠久的农耕文化，感受淳朴的乡情乡味。所以发展农家生态旅游要在特色上下工夫，突出“农”家特色的培育，注重农家生态旅游的动态开发。许多地方都具有深厚的文化底蕴和独特的民俗节庆活动，如民间传统娱乐舞龙灯、风筝节等都具有明显的地域特色，要把这些特色旅游资源培育转化为特色旅游景点。这有利于开发出独特的旅游产品，提高当地农家生态旅游的不可替代性，形成较强的市场竞争力。农家生态旅游产品的设计突出生态性、自然性、参与性和娱乐性，加强其自然乡土气息的营造和农村民情风俗文化环境的渲染，少点“洋气”，多点“农趣”。用创意创造特色，坚持人无我有、人有我有的原则，把旅游景点打造为精品。充分结合实际，研究特色、挖掘特色、突出特色，用“特色”这块招牌树立起农家生态旅游的品牌形象。

一个比较典型的例子是浙江富阳新沙岛的农家生态旅游园，那里既没有现代化建筑，又没有珍贵文物，却一直受到中外游客，尤其是来自欧美国家游客的青睐，原因在于它推出农家牛车作为进村的交通工具，将路途时间无形地转化为旅游时间。另外，外国客人还可在这里看到许多中国古代农村的缩影：蓑衣、谷砻、石磨、纺车……有的甚至要求亲自踩水车，推碾推磨，其乐融融。这些参与性的旅游活动不仅可让游客获得新的感受和得到休闲的乐趣，还可以增长见识，积累经验，达到怡情益智的效果。

18. 农家生态旅游中加强基础设施建设和卫生管理要完善哪些方面？

旅游基础设施，是接待游客、提供旅游服务的基本保障。首先，要解决好交通问题，提高农家生态旅游区的可进入性，配备停车场，在村口、岔路悬挂木制指示牌标明路线，方便游客寻找。其次，修建一些简单的休闲设施，如树荫下的凉亭、石凳、竹椅等，以供游客休息。再次，修建医疗保健站、药店、小超市、茶室、理发店等配套设施，满足不同游客的需求。在建筑方面要避免现代化，应与农村良好的生态环境相协调，材料以土木、石、竹等乡土材料为主，色彩、风格应与周围环境和村落整体气氛协调一致，注意不要把农家生态旅游办成餐厅酒楼。

制定农家生态旅游行业标准和规范，加强卫生管理。这方面成都市的做法值得借鉴。成都市旅游局发布了《农家生态旅游开业基本条件》和《农家生态旅游服务质量等级划分》两项市地方标准，规定农家生态旅游必须持“四证”才可以开业，即营业执照、卫生许可证、健康证、排污许可证，缺一不可。为了让游客吃上放心饭菜，成都市卫生局出台了卫生管理规定，要求农家生态旅游厨房面积大小必须与接待量相适应，最小使用面积不得低于 12 平方米，从食品卫生、环境卫生、娱乐室及设施卫生、客房卫生、监督管理等七个方面对农家生态旅游提出卫生管理要求，卫生行政部门将定期对农家生态旅游餐（饮）具、生活饮用水、空气、茶具、脚盆进行消毒效果监测及食品卫生检查，一旦发现问题，将立即按相关规定作出处罚。

四、农家生态旅游原则、类型与模式

1. 农家生态旅游发展的主要原则有哪些？

以田园风光、农事参与、民俗体验为主要形式，融观光体验、认知与旅游活动于一体，以农业支撑、以人为本、生态保护、社区参与、收入反馈、生态家园建设等为乡村旅游发展的主要原则，形成了具有第三产业特征的农业生产经营模式。

2. 什么叫农家生态旅游模式？

农家生态旅游模式即“自然—社会—经济”复合生态系统，它不仅包含农业生物资源与环境构成的自然生态系统，而且是一个以旅游观光为主体，集文化、娱乐、产品供给、物质和精神服务于一体的社会系统，也是以商品生产、经营管理、销售与购买为主的经济系统。目前，随着旅游业与农业经济的不断发展，我国农家生态旅游类型与模式也从内容比较单一、投入比较粗放的“农家乐”（以住农家院、吃农家饭、摘农家果为主要活动），逐步发展为以传统农业资源和生态、自然、休闲、观光、采摘、体验、考察、科普、教育等内容与旅游市场进行恰当对接的形式。

3. 农家生态旅游有哪些主要特点？

农家生态旅游其重点突出一个“农”字，最大程度地保持了原汁原味的农家风味。如婺源"生态旅游观光村"、赣州的"宝葫芦农庄"、安吉的"竹乡农家乐"等旅游点，让游客吃的是地方特色的农家风味土特产，住的是青瓦木屋农民房舍，干的是田野农活，玩的是乡村民间娱乐，买的是农家的风味土特产及手工艺品，故其特点非常鲜明。与传统农业和旅游业相比较而言，生态旅游农业具有如下特征：

（1）农家生态旅游充分显示农家特色。农家生态旅游大部分是利用农民闲置或兼用的生产资料和生活资料，资源就地取材，都姓"农"，且具有经营灵活等特点，因而收费相对较为低廉。而城市近郊观赏娱乐型的农家乐、休闲度假型的农家乐旅游完全改变城市生活情调，充满农村乡土气息，对走上小康生活水平的城市工薪阶层则更具有吸引力。有了城市工薪阶层这一巨大的客源加盟农家生态旅游活动，全国各地的农家生态旅游将更有生命力。

（2）农家生态旅游资源优势明显。农村广阔天地，旅游资源非常丰富。借助生态自然环境的优势。以良好的自然生态环境，空气清新，适宜休闲度假的优势吸引游客。如浙江省安吉县，地处天目山麓，濒临太湖，素有"中国竹乡"之称，又相继获得全国生态农业示范县、全国林业生态建设示范县、全国卫生城市、国家级生态示范区、中国人居环境范例奖等殊荣，景区景点的快速建设吸引了众多的外地游客，从而加快了当地"农家生态游"队伍的建设。

（3）农家生态旅游经济效益较好。农家生态旅游由于适应市场需求（现阶段城镇居民的旅游消费），具有投资小（利用自身现有土地、房屋等固定资产）、回收快等特点。景点资源几乎是就地取材，稍加建设就能投入使用。餐饮资源自产自销，商业成本低。游客参与农事活动把农活的劳作又转化为娱乐而创收。农家乐旅游成本低，资源利用率高，边际效应大，一推出就取得了良好的经济效益和社会效益。

（4）农家生态旅游有助于保护环境、持续发展。观光农业的建设严格按照生态农业和有机农业的要求进行生产，只允许在残留有害物质规定标准范围内适量地使用化肥、农药，其产品为无公害的、安全、营养的绿色保健食品，大量减少了对环境的污染，生态环境优美、生物多样性在这里得以充分体现，植被覆盖率也大大高于一般农区。这种生态环境的保护与利用相结合，适当注重社会效益和经济效益的做法，遵循了农业发展规律，符合农民利益，使农业走向一条健康的持续发展道路。

4. 什么是农家生态旅游的主题定位?

农家生态旅游开发的主题定位类型多种多样，有以“三高”农业为主题类型；以观赏花、果、园艺为主体类型；以农耕景观、乡村活动为主题类型；以水乡活动为主题类型；以茶艺为主题类型等。因此发展农家生态旅游应找准主题，充分利用当地资源和自身特点，把资源优势转化为经济效益。

5. 在具体农家生态旅游路线设计和规划时，应遵守怎样的布局原则?

（1）在设计开发时，要遵循自然、社会、经济协调发展的基本原则，建立具有鲜明地域特色的观光生态农业系统。

（2）在其生态旅游区的开发中，要始终坚持“生态农业第一村”这一主题，突出在生态建设上的成果。

（3）在具体景区的设计和规划时，还应遵守以下基本设计原则：

①生态优先原则：旅游区或点的开发要与资源环境的可持续发展相结合；

②功能分区原则：生态观光活动不应仅仅在旅游区的核心区

域开展，要按照功能分区的原则合理布局，往外围发展；

③因地制宜，突出特色；

④旅游者的旅游活动与当地居民的生产和生活观光生态农业在生态农业旅游中的应用研究相融合。

（4）设计结构模式时，必须做好基础设施建设，交通、水电、饮食、住宿等基础设施的配备，设计专门的旅店、餐厅、农宿以及娱乐场所和度假村，开发具有特色的农副产品及旅游产品，以供游客观光、游览、品尝、购物、参与农作、休闲、度假等多项活动。与农村建设规划相结合，要搞好农村居民点和道路规划，合理开发和整治土地，改善农村环境，在保留历史民俗农舍的同时，兴建体现观光特色的农村新民舍，以供游客观光旅游。如生态农业观光区、无公害有机蔬菜高科技示范区、沼气太阳能综合利用示范区、民俗旅游观光区、无污染旅游制品工业区、青少年绿色文明教育基地、国际生态学术研究交流培训中心、生态农业旅游度假村、农业公园、农业博物馆等都是比较好的具体设计结构模式。在设计开发时，要遵循自然、社会、经济协调发展的基本原则，建立具有鲜明地域特色的观光生态农业系统。

6. 农家生态旅游有哪些划分标准？

农家生态旅游作为一种新兴的旅游活动近年来发展迅速，并已成为当代生态学界、旅游学界和广大旅游爱好者共同关注的话题。但是，由于农家生态旅游在理论方面尚未形成比较系统完善的体系，在实践方面还处于自发和粗放阶段，其分类标准或依据不同，所以，农家生态旅游的类型也不尽相同。大致有以下主要划分标准：

①按农家生态旅游景点地理位置划分；

②按接待游客的方式不同划分；

③按农家生态旅游开发的经营模式划分；

④按农家生态旅游发展途径模式的不同划分；

⑤按农家乐投资模式的不同划分。

7. 按景点地理位置分，农家生态旅游有哪些主要类型？

（1）城市卫星型。若农村旅游地的位置在距离大中城市这些重要的旅游客源地 80 千米以内（以旅游者自驾车大约 1 小时能到达的范围为准），则可以判断该农村旅游地的区位类型为接近旅游客源地的城市卫星类型。这样的地方大多有明确的大、中型城市作为自己的目标市场，在一定的农业基础上主要通过人工来构建农业生态景观，或者是有意识地保留农村的古风民俗，以招徕城市游客。我国目前发展得比较成熟的农家生态旅游，如“农家乐”等，大多属于这个类型。主要包括生态观光和民俗文化两方面的内容。

（2）依托自然型。将距离大中城市 80 千米以外的农村旅游景区、景点称作依托自然型的农家生态旅游类型。这种类型的农家旅游，其区位远离重要客源地，没有特别明确的大、中城市作为目标市场，在可进入性上要逊于前面提到的城市卫星型的农家生态旅游地。

8. 依托自然型的农村旅游地凭什么优势吸引城市游客呢？

远离城市的农村旅游地大致可分为在著名的旅游路（环）线上和背靠景区两类。这些著名景区和路（环）线为此类农村旅游地保障了充足的游客量或人流量；同时，依托自然型的农村旅游地常常保存有更为完好的自然和人文、生态景观，这里的居民也因为远离现代文明而更加的淳朴。美丽的自然风光，浓厚的民俗风情，如桃花源般与世隔绝的感受，都是吸引某些城市游客专门长途跋涉来观光休闲的原因。

典型案例　安徽黄山农家乐——徽派风格建新村（背靠黄山风景区）

位于黄山脚下的汤口镇，是该区农家生态旅游的一块金字招牌。2004年，该镇按联合国“最佳环境居住奖”的要求设计的翡翠新村由48幢公寓构成，这座花园式的村庄已正式对外接待游客。这些农家别墅融徽派风格与现代设施于一体。新村里，现代文明的印迹随处可见：每幢楼旁的排水沟与路边的排水渠相连，织成一张完整的排水网；天空中见不到“蜘蛛网”似的电线，电话、照明、有线电视、宽网等各种管线全埋设在地下。有“黄山第五绝”、“天下第一丽水”之美誉的翡翠谷景点就位于新村附近，“农家乐”独特的吃、住、行服务功能，已经成为翡翠谷旅游链的延伸。

9. 什么叫生态观光型农家生态游?

所谓观光型农家生态旅游，就是利用农村的基本设备与田园景观、农业生产场地、农业产品、农业经营活动、自然生态、农业自然环境、农村人文资源等，经过规划设计，以发挥农业与农村休闲旅游功能，增进旅游者对农村、农业和农民的体验，提升旅游品质，并提高农民收益，促进农村发展的一种新型农业。田园环境是农业景观中最主要的构成部分，是观光农业景区建设的基础。游客不仅可观光、采果、体验农作、了解农民生活、享受乡土情趣，而且可住宿、度假、游乐。此种观光型的旅游活动一般时间较短，多为“走马观花”。

生态观光型农家生态旅游是以农业活动为基础，农业和旅游业相结合的一种新型的交叉型产业。这种“农业＋旅游业”性质的农业生产经营形态，既可发展农业生产、维护生态环境、扩大乡村游乐功能，又可达到提高农业效益与繁荣农村经济的目的。

典型案例 成都龙泉驿——花果山传奇

凭借着毗邻成都这座以休闲之风闻名的大城市的优势，龙泉驿以生态农业观光为主打的农村旅游业发展得红红火火。每年一度的“中国成都国际桃花节”都在龙泉驿举办，巨大的节庆效应、优越的地理位置、长期稳定的客源，让龙泉驿成为全国农村旅游中叫得响的地方。

龙泉驿发展农村旅游的资源可谓得天独厚，生态环境良好，环境优美；生态农业特色明显，类型多样；人文景观丰富，极富开发潜力和价值。龙泉驿的生态农村旅游虽然取得了令人瞩目的成就，但其生态农业观光旅游以赏花、采果休闲等项目吸引游客，旅游产品比较单一，旅游活动仅停留在吃农家饭、住农家房的层面上，缺乏对景区内生态农业资源和民俗文化内涵的深入挖掘，不利于当地农村旅游的可持续发展。

10. 依据观光型农家生态旅游的主要内容和位置特征，如何对其进行分类?

依据其主要内容和位置特征，可以做如下细分：

（1）观光农园。是指既具有农业产业特色又用于提供观光休闲的农业园区。如郑州侯寨乡樱桃、葡萄采摘园、平顶山金牛山风景石榴园等都属此类。对生产者来说，观光农园虽然增加了设施的投资，却节省了采摘和运销的费用，使得农产品价格仍然具有竞争力。对于消费者来说，这种自采自买的方式，不仅买得放心，还达到了休闲的效果。而且这种观光农园投资不太大，各地都有一定特色的种植园，可以考虑作为观光农业资源旅游开发的一种主要形式。

观光农业以其毗邻城市的区位优势及生态文化特性迎合了市场需求，从而备受旅游者青睐。它还可以细分为农业观光（普通或常态的）、农业科技观光等。比如山东的寿光蔬菜高科技示范园、三元朱村、烟台农博园等。2003 年国家旅游局对全国农业旅游示范点进行了评选，共选出 203 个农业旅游示范点，其中：农业观光旅游点 83 个，农业科技观光旅游点 39 个。2005 年，又进行了第二次评选，选出农业旅游示范点 156 处。目前总共评选出的 359 处农业旅游示范点遍布全国 31 个省市，在农、林、牧、副、渔各业中树立起了发展观光农业旅游的样板，标志着我国观光农业进入科学化、规范化发展的新阶段。

（2）农业公园。按照公园的经营思路，把农业生产场所（如森林、牧场等）、农产品消费场所和休闲旅游场所结合起来建设，利用农产品生产基地来吸引市民游览。主要是供观赏和旅游，面积比较大，一般选择依山傍水、有林草的地方，以地形和农产品种类而形成自身的风格。如河南濮阳市世锦园、平顶山金牛山风景石榴园等。

（3）古镇村落观光。 古镇村落观光是以历史悠久、保持相对完整且独具民族特色的古筝村落为参访对象的乡村旅游活动。我国古村落旅游正处于快速成长期。2003 年一度成为旅游热点。古村落是人类长期适应环境的创造，沉淀了数千年的文化艺术，是一项独特的文化旅游资源，是地域文化的一种物化表现。古村落资源既包括古村落的规划、各类建筑、历史遗址等物质文化遗产；也包括各类民俗、民族语言、生活民居、民间技艺、生产方式等非物质文化遗产。中国广大农村至今保持着极其丰富的历史记忆和根脉，以及丰富的文化遗存。如湖南高城马帮古寨“依山建屋、傍水结村”的风水格局、平地吊角楼建筑、马帮以及千两茶等，都是古村落人类生产和生活发展的印记。其资源特色在于别具风情的民居（平地吊角楼）、原生态的自然环境以及神秘的千两茶文化、马帮文化等。江苏周庄、江西婺源和流坑、云南束河都令游客神往。

（4）市民农园。和观光农园不同，市民农园是以休闲体验为主，而不是以生产经营为方向。农民将土地出租给市民，而市民则利用节假日到农园作业，平时由农地提供者代管，而且市民农园里所生产的农产品不能出售，只可自己享用或者赠送给亲朋好友。市民农园一般设在离市区较近，交通、停车都便利的地方，对于郑州、洛阳等城市的郊区农村来说具有一定的开发潜力。如郑州丰乐农庄 2007 年推出的“家庭农场”就属此类。

（5）森林生态旅游。森林生态旅游是以森林原生态的独有魅力为“卖点”的旅游活动，深受广大游客的喜爱。据世界生态旅游大会宣称：现今世界生态旅游的年总收入达 200 亿美元。另据调查，中国自然保护区的生态旅游收入也已达 52 亿元人民币。2003 年国家旅游局评选出的 203 个农业旅游示范点中，农业生态观光旅游点 33 个。

（6）乡村自然景区观光。乡村自然风光旅游是以饱览、享受乡村美丽纯朴的自然风光为目的的旅游活动，它以乡村的山野、田野、原野或海滨等自然风光为吸引物，人们可以乡间散步、登山、海边游泳、沙滩漫步、骑马、划船、漂流等，这是最受城市居民欢迎的乡村旅游类型。2003 年国家旅游局评选出的 203 个农业旅游示范点中，自然景区 9 个，占 4.43%。

11. 民俗文化开发经营模式下农家生态旅游有哪些产品类型？

（1）民俗观光园。选择具有地方或民族特色的村庄地域，利用其特有的文化或民俗风情，稍加整修提供可过夜的农舍或乡村旅店之类的游憩场所，让游客充分享受农村浓郁的乡土风情和浓重的泥土气息，以及别具一格的民间文化和地方习俗。如目前新乡小冀京华园的民俗旅游村、洛阳重渡沟农业风景旅游区的海明农耕民俗文化村等都是具有这一特色的民俗旅游区。

(2)特色村镇。在有独特的民居建筑、自然环境、风味佳肴、节日庆典活动的地方，依托这些特色资源等形成特色小村镇，这些小村镇有特殊的韵味，并给人以美的享受。如位于河南省辉县太行深处的郭亮村就以其特有的魅力，招来了大批中外游客，也受到了影视厂家、艺术家们的厚爱。郭亮村建在海拔1 700米高的悬崖上，以秀美山岭、独特的石舍而闻名。石磨、石碾、石头墙，石桌、石凳、石头炕，浑石到顶的农家庄院，一幢幢，一排排，依山顺势地坐落在千仞壁立的山崖上，质朴的石舍，淳朴的山民，给人以独特的视觉享受和情感体验。

典型案例　明代文化“活化石”——贵州天龙屯堡

贵州天龙屯堡是一个典型的屯堡村寨，居住着的屯堡人是朱元璋征南战争的屯军后裔，至今仍固守着明代江南汉族移民的民风民俗。600多年来，生活在天龙古镇的屯堡人，依然固守着祖宗过去的荣耀，这里的妇女身着宝蓝色的明朝汉族服饰，操着明朝的“普通话”——古南京话；每逢节庆，这里的人民常常跳着明朝的军傩（地戏），令到访的游人产生在看电影的感觉，可是这并不是舞台上的表演，而是屯堡人真实的生活。旅游的本质就是要发现与欣赏目的地与常住地之间的反差，而天龙屯堡正是因为其独特的“明朝古色”文化，风格独树一帜的屯堡建筑，让人眼花缭乱的石雕工艺、丰富多彩的节庆表演、琳琅满目的特色饮食，吸引了一批又一批的旅游者，成为民俗文化型农村旅游的典范。最近，国家旅游局又公布天龙村被列为全国农业旅游示范点。天龙屯堡在实践中形成了“公司＋政府＋农户＋旅行社”的运作模式，使当地的农民通过参与发展特色文化旅游，尝到了甜头。

12. 发展民俗文化型农家生态旅游有哪些意义？

中华五千年的悠久历史为村镇留下了丰富的历史古迹和民风民俗。无论是寺庙、祠堂、戏楼、牌坊，还是社戏、美食、集市、花会，乡野间左邻右舍见惯不惊的东西，却往往是城里人眼中的新奇货。发展农家生态旅游中的民俗文化型旅游，不但能够使城市居民获得旅游满足，也能使当地群众充分的了解到本地特色民居、节庆、文化习俗为他们带来的利益。这样，农民们才会自觉自愿的保护“原生态”的文化景观，从而使其持续发展下去。

13. 按接待游客的方式不同，农家生态旅游模式可分为哪些类型？

①观光型的农家生态旅游；
②参与型的农家生态旅游；
③休闲度假型农家生态游；
④新农村风貌观光旅游模式；
⑤科普教育旅游模式；
⑥农业经贸型农家生态旅游。

14. 我国参与型的农家生态旅游主要有什么种类？

（1）采摘旅游。我国内地的采摘旅游开始于20世纪80年代深圳的荔枝观光园后采摘园，目前北京、上海、广州等地相继开展了此种观光休闲旅游活动，为城市旅游增添了一道亮丽风景。据不完全统计，2002年北京市开放观光采摘果园533个，总面积近28.7万亩，接待观光采摘达到335.5万人次，采摘果品2 098万千克，采摘收入近9 730.4万元，亩产效益比正常栽培的果园高出数倍。现在的一些观光果园平均收益为 7 000.8 元/亩，其中最好的旅游采摘观光果园已经达到 3 万元/亩。各地观光采摘园除了果园外还包括了大量的菜园、农园等（图 4-1）。

图 4-1　采摘旅游

（2）务农旅游。参加此种旅游活动的游客有着深厚的“农民情结”，多为“重温旧梦”，实现某种“感情回归”，游客中既有早年离乡进城的老者，也包括大量的“返城知青”和高考进城的中青年人，他们着重体验“三亲”，即，亲知：了解农林业科技知识、当地的历史文化、民风民俗、社会变革、家庭变迁等；亲行：参与农事活动、民俗节庆、乡村体育、乡村游艺等，其中参与制造农家美食尤其受女性度假者的欢迎；亲情：将度假者作为家庭一员，与其拉家常、结对子、共同娱乐等。

（3）垂钓渔业旅游。沿海渔村游，参与者可以感受亲自参加垂钓、捕鱼以及海带的采集、加工等劳动。我国沿海的许多渔村已对游客产生了浓厚的吸引力，山东省半岛拥有漫长的海岸线，加之 30 年来经济的持续发展，人们收入的提高和国家法定假日的改革，使得沿海的垂钓等渔业旅游蓬勃发展起来。日本岩手县的一个渔村 50 多家渔户常年都能接待游客。

（4）民俗旅游。民俗旅游是一种以乡村民俗、民族风情以及传统文化、民族文化和乡土文化为主题的高层次的文化旅游。充分利用本地乡村特有的民俗风情、传统工艺、文物古迹、节庆文化、民间艺术以及古民居、古建筑等，组织开展观光、游憩、考古、体验、休闲旅游活动。其魅力在于能够使游客欣赏到异地他乡人们特有的生活方式和独特的创造。从民俗生活的空间角度，又可以分为山村民俗游、水乡民俗游、渔村民俗游等。根据民俗旅游涉及的民俗范畴差异，也可分为物态民俗游、动态民俗游、心态民俗游和语态民俗游等。民俗旅游重在参与和体验，讲求真实的融入。如“梅家坞茶文化村”、“蜂之语蜜蜂王国生态园”、“浙江（中国）花木城”等。2003 年国家旅游局选出 203 个农业旅游示范点中，民俗文化旅游占 12 个。

15. 休闲度假型农家生态旅游有什么主要特点？

（1）自然与生态性。久居大、中城市的人们受到市场竞争、环境污染、工作压力等各种因素的影响，为了调节心理、放松情绪，于是就选择了自然资源、自然环境及自然景观极为协调的、人情味极其浓厚的、原汁原味的乡村作为旅游对象，以脱离人为的粉饰，脱离刻意的追逐，远离城市的喧闹，返璞归真，回归自然，享受自然，接受自然的熏陶，从而达到休闲度假的目的，反映出人类对生态环境的一种高层次的回归，满足了人们对生态资源、生态环境和人间真情的一种渴望。没有真山、真水、真情就不可能有休闲度假型农家生态旅游的产生和发展。显然，环境、自然与生态性是休闲度假型农家生态旅游的主要特征。

（2）多样性。自然和生物的多样性使世界千姿百态、色彩斑斓。农家生态旅游的意义就是把旅游同自然、生态和人类社会有机地结合在一起，使其变得更加生动活泼，更富活力，更具多样性。比如浙江安吉的中南百草园、报福镇农家乐，浙江南浔区的青腾绿色农庄、获港渔家乐等。实践证明，自然、生物和社会环境的多样性，使休闲度假型农家生态旅游的内容丰富多彩，项目更多，参与者更加广泛。

（3）参与性。自然、生态和环境从来就是人类生存和发展的载体。人类与自然、生态资源和生态环境本来就是相互融合、密不可分的关系。一方面，自然资源和生态景观需要人们去开发利用，体现其社会和经济价值；另一方面，游客在充分感受大自然、欣赏大自然的同时，主动参与当地原住居民的生产和生活活动，这本身就是对自然资源和生态环境的一个认识和体验过程。同时，游客在参与学习农事活动过程中（比如摘果、挖笋、采茶、捕鱼等），获得了新的知识，接受了新的教育，愉悦了心情，心理也得到极大的满足。

16. 休闲度假型农家生态旅游与其他旅游类型有什么区别？

度假型农家生态旅游也称为（住宿旅游型），较其他类型的农家生态旅游时间较长，一般为长期住宿的游玩方式，住宿是度假型最显著的外在特征。城市居民对乡村生活的悠闲和恬静十分向往，到乡村小住几天，这是一种吃农（渔、牧）家饭，住农（渔、牧）家屋，干农（渔、牧）家活，闻泥土（海腥、野草）之清香，听“狗叫鸡鸣”、“百鸟朝凤”、“海涛拍岸”，享乡村居民之乐的休闲度假旅游形式，2003 年国家旅游局评选出的 203 个农业旅游示范点中，休闲度假村（山庄）7 个，农家乐 7 个。随着城市居民收入的不断增长，周五工作制和清明、端午和中秋小长假的推行及社会主义新农村建设的推进，城市居民到郊外休闲旅游度假的需求日益增长。

17. 新农村建设与农家生态旅游间有什么相互联系？

改革开放后，在全国新农村建设中，出现了一批社会主义新农村，这些新农村是农村工业化、农业现代化、经济市场化、农民知识化、生活城市化的结果，特点是经济发达、乡村城镇化。在新农村建设中，各地可以有目的地选择一些条件比较好的乡村，利用新农村中的现代农村建筑、民居庭院、街道格局、村庄绿化、工农企业来发展观光旅游，并在发展中有意识地使本村成为有特色的旅游目的地。具体相互联系参考图 4-2。

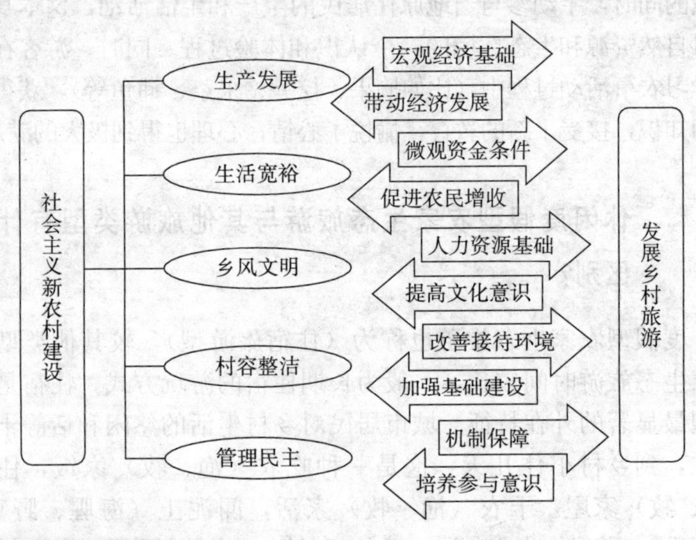

图 4-2　新农村建设与农家生态游的相互关联图

18. 新农村风貌观光有哪些主要旅游形式?

依托当地的民俗文化、历史文化资源开展丰富多彩的文化活动，既能展现新农村建设中农民精神文化水平的提升，又能为游客提供多样的旅游体验。依托当地的现代农村建筑、街道格局、环境或涌现出的农村文明新风等，形成农家新居、农民医院、农民乐园、农家老年公寓、农民剧场、千亩良田、瓜果采摘等内容的旅游形式，人们游览其中可以感受新农村的风貌和农民富裕的生活景象。

19. 科普教育旅游模式有哪些旅游热点和主要开发经营类型?

改革开放以来，农业现代化程度不断提高，一大批农业科研新成果、新技术成为科普教育旅游模式的旅游热点，如塑料薄膜地面覆盖栽培技术、太阳能温床、土壤普查遥感技术、原子能辐射育种、稀土利用、动物胚胎移植新技术等广泛推广应用，农业科技成果层出不穷。依托这些农业科技资源，开发建设农业观光园、农业科技生态园、农业产品展览馆、农业博览园，为游客提供了解农业历史、学习农业技术、增长农业知识的旅游活动。该开发模式将知识性、科技性与趣味性相结合，是农业旅游项目中一个极具发展前景的类型。其可开发经营的类型主要有以下5种：

（1）科普教育基地。兼顾农业生产、科技示范与科普教育功能，常在农业科研基地的基础上建设，依托农业科学研究机构的科技综合优势，向社会各界充分展示新成果、新产品、新设施、新技术以及现代农业科普知识。

（2）科技农业园区。是近年来我国农业现代化实践中涌现出来的一种新的生产经营模式，也是观光农业旅游开发的一种主要类型。采用新技术生产手段和管理方式，形成集生产加工、营销、科研、推广功能于一体，高投入、高产出、高效益的农业种植区或养殖区。农业的新品种、现代化的农业生产方法、新式的设施设备等都可用来作为园区展示的内容。

（3）少儿农庄。针对少年儿童建设少儿农庄，利用当地的农耕文化、农业技术等，让中、小学生参与休闲农业活动，接受农业技术知识的教育。

（4）农业博览园。建设相关展区，将当地农业技术、农业生产过程、农产品、农业文化进行展示，让游客参观。

（5）教育农园。即利用农园中所栽植的作物、饲养的动物以及配备的设施，如特色植物、农耕作物栽培、传统农具展示等，进行农业科技示范、生态农业示范，为青少年和城市居民传授农业知识。如河南省农业高新科技园是隶属于河南省农业厅和河南省农业职业学院的一个集农业科研、观光旅游、会议培训、拓展训练、餐饮住宿为一体的现代化农业高新科技示范园区。园区建有科技展览馆、生物技术中心植物克隆技术、国家作物区试站、名贵百花园、珍稀百果园、种植嫁接体验、转基因鱼试验等展区，是人们体验农业新技术、新成果的理想场所。

20. 按经营模式开发的农家生态旅游可以分为哪些类型？

（1）农旅结合模式。这一类乡村旅游经营模式以当地农户为主体，自筹小额资金投资，自主经营，游客主要在节假日短期逗留，或进行气候型休闲旅游。它属于农户家庭小而全的农业兼业型经济，经营户之间未形成明确分工和产业化发展的内在关联，

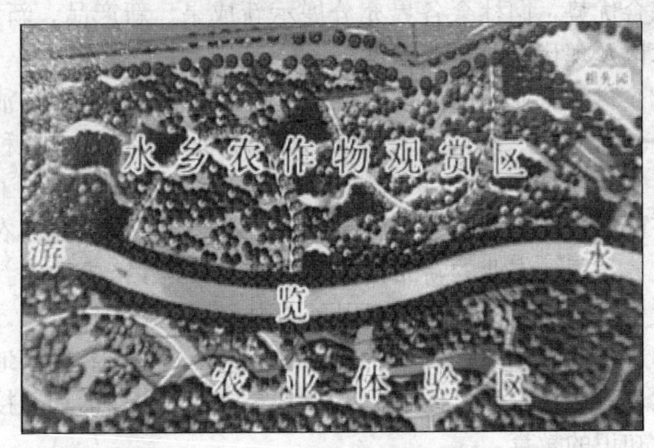

图 4-3　农旅综合模式

因而其旅游产品的设施较为简陋，卫生条件无人监管，难以达到高品位的文化旅游档次。从模式的框架设计上看。小农经济的局限性限制其向规模化、产业化的方向发展。此模式主要适用于农村经济不发达、乡村旅游资源优势不明显的城郊和农村地区（图4-3）。

（2）CCTV模式（详见后述）。

（3）以乡村旅游业为龙头的“旅一农一工一贸”联动发展模式。该模式主要是围绕乡村旅游这个龙头开展各项经济建设。一是发展第三产业，解决旅游者的“食、住、行、游、购、娱”六大问题。兴建旅游设施、商业设施、文化娱乐设施。二是发展第一产业，兴建农副产品基地、农业观光基地，带动农业产业化的发展。三是发展第二产业，开发各种旅游食品、饮料、纪念品等。对当地土特产进行深加工、精加工，力求上规模、上档次。四是发挥旅游的牵线搭桥作用，让旅游市场带动信息、资金、技术等生产要素市场，促进资金、技术和人才的引进，加速本地区农村经济的发展。此模式主要适用于经济基础好、乡村旅游发展较成熟的农村地区。

（4）景区带动模式。是以重点旅游景区为核心，把旅游景区的部分服务功能分离出来，吸引和指导旅游景区周边乡村的农民参与旅游接待和服务，从而带动农民脱贫致富，促进当地经济社会发展的模式。该模式的主要特点：一是通过开发建设旅游景区，带动景区周边乡村的旅游住宿、餐饮、购物及配套服务，拉动农副产品、土特产品的销售，促进乡村旅游及社区经济社会发展；二是减少了旅游景区建设资金投入的压力，迅速扩大和提升旅游景区的接待服务功能，形成具有特色的旅游配套设施和服务：三是带动旅游景区周边农民就业和收入增加，促进贫困地区群众脱贫致富，形成旅游景区和社区经济社会的互动发展。

（5）政府＋公司＋旅行社＋农民旅游协会模式。该模式是政府负责规划和基础设施建设；公司负责商业运作；农民旅游协会负责组织各类活动及服务，并协调公司与农民的利益；旅行社负责开拓市场，组织客源。贵州平坝县天龙镇屯堡村寨游就是这样一种模式。

（6）产业依托型模式。该模式是以经济基础较好的乡村为依托，立足当地规模化的农业产业优势，以旅游市场需求为导向，通过政府引导、企业为主、村民参与进行旅游项目开发，积极发展乡村旅游产品，促进旅游业的快速发展。如云南红河州蒙自县依托十几亩石榴、桃、李等果园，积极开发和发展果园旅游，不仅促进了水果产品的生产、加工和销售，而且带动了农村经济社会的全面发展。该模式的特点：一是依托和发挥农业产业化、规模化生产的比较优势，大力发展特色乡村旅游，具有投资少、见效快的突出特点；二是既满足了旅游者观光、休闲和乡村体验的多样化旅游需求。又促进了当地农副产品的生产、加工和就地销售，促进了农村经济的发展；三是引导农民开展旅游接待服务，既创造了新的就业岗位，又增加了农民收入，提高了农民的服务意识和综合素质；四是带动了农村产业结构的调整，促进农村生产生活条件和村容村貌的改善，形成了良好的旅游环境和氛围，促进了乡村旅游的发展。

（7）旅馆型农家生态旅游。旅馆型农家生态游是指以景区景点、区位优势为依托，以提供吃、住、游服务为主要经营手段和以价廉为主要经营策略的经营实体。

宾馆型农家生态游是在景区景点优势明显但旅游基础设施建设滞后、旅游接待能力不足的情况下产生和发展起来的，满足了城市中、低收入人群旅游消费的需求，拉近了城市与农村的距离。宾馆型农家生态游的特点主要表现在以下几个方面：

一是依托性。旅游景区景点一般远离大、中城市，尤其是山区景点，风光优美，景色迷人。但由于交通、吃、住等条件跟不上旅游发展的需求，于是一些具有一定经营头脑的农户便将自家庭院及宽敞住房加以装修改造，开始接待游客。显然，这类农家生态游景点依托性很强。

二是价廉性。由于农家生态游大部分是由农民利用闲置的房屋和生产资料开展经营活动，部分农产品又是自家种植，相对而言具有“投资小、风险低”等优点，加上管理部门管理滞后，所以旅游收费便宜，经营者成本较低。可见，其主要“卖点”就是“价廉”。

三是灵活性。旅馆型农家生态游在经营过程中一般比较灵活。主要表现在两个方面：一是价格比较灵活，弹性较大；二是经营方式比较灵活，即可以根据客流量的大小，游客爱好，或偏重于餐饮，或偏重于住宿。在管理并不规范的情况下，这种经营的“灵活性”往往是导致恶性竞争的主要原因。

（8）餐饮型农家生态旅游。餐饮型农家生态游是指以解决游客就餐难为发展契机，以满足游客价廉、味美、舒适、随意的消费需求为经营策略，以原汁原味的农家菜为主要经营特色的经营实体。可以这样认为：餐饮型农家生态游是城市“社会饭店”伴随城市居民的流动向农村延伸和拓展，也是农村特色菜在适应城市居民时尚消费习惯的过程中对城市餐饮业的冲击和改造。目前，全国各地大、中城市的城乡结合部均有不少属于这一类型的农家生态游。相对而言，这种类型的农家乐具有交通便利、乡土气息浓厚、菜价低廉等特点（图 4-4）。

图 4-4　餐饮型农家生态旅游

21. 什么叫农家生态旅游的“CCTV”模式？

该模式是张华明、腾健根据对西双版纳“中缅第一寨”勐景来的成功开发实践，分析提出的以保护开发为前提，公司起主导作用，有鲜明特色主题，村民普遍受益的多赢发展模式，即Conservancy（保护）、Company（公司）、Topic（主题）、Villager（村民）的“CCTV”模式。该模式对具有旅游特色的村镇，通过引进有经济实力和市场经营能力的企业，进行公共基础设施建设和环境改善；指导村镇居民开发住宿、餐饮接待设施；组织村民开展民族风情、文化旅游活动，形成具有浓郁特色和吸引力的乡村旅游产品，吸引和招徕国内外旅游者。这种模式是通过以公司为主导进行整体开发和经营，坚持以企业为龙头，以农户和服务为基础，以利益合理分配为纽带，既可以解决发展乡村旅游的资金短缺问题，又可以引导和帮助村民改善环境条件，开展配套接待服务活动，促进村民收入的增加。此模式主要适用于具有旅游特色的村镇和农村地区，是一种原地开发、企业主导、村民适度参与的综合开发模式，实现了村寨环境保护、旅游开发者、村民都受益的“三赢”格局。

22. 农家生态游中的综合开发模式核心内容及其特征是什么？

该模式是针对乡村旅游资源丰富的县（市），由政府主导进行乡村旅游的规划设计，投入资金建设和改善公共基础设施，开发核心景区、景点，吸引社会资金投入建设旅游设施，引导乡镇居民参与旅游接待服务，促进乡村旅游的快速发展。如云南迪庆藏族自治州的香格里拉县以宁静的森林、洁净的湖泊、辽阔的牧场、独特的藏族风情为特色，积极吸引社会资金和当地村民参与旅游开发和接待服务，形成了国内外知名度较高的“香格里拉”乡村生态旅游胜地。该模式的特点：一是发挥政府主导的作用。通过整体规划设计，政府引导性投入，吸引社会资金投入和村民参与开发，加快了乡村旅游开发建设的步伐；二是区分公共性项目和经营性项目。由政府投资建设公共性基础设施，吸引社会资金投入建设和村民参与经营项目，迅速形成有规模的旅游接待设施和配套服务；三是引导和指导农民，积极参与和开展相应的旅游接待服务，带动了地方农副产品的加工和销售，促进了农民就业和收入增加；四是依托绚丽的民族文化，组织惠及广大乡村居民的旅游节庆活动，在吸引和招徕大量游客的同时，极大地丰富了农村文化生活，提高了农民的文化素质和生活水平。

23. 农家生态旅游主要有哪些投资模式？

农家生态旅游主要有以下两种投资模式：

（1）家庭自主投入型。家庭自主投入型是我国目前农家乐投资的主要形式。农民以自家长期积蓄及向亲朋好友借款的方式解决初期资金投入问题。一般是以独家经营为主，但也有合股或合作经营的情况。在劳动用工上是以吸纳家族内部成员为主，每家一般吸纳2～4名。

（2）社会资本投入型。由于农家生态旅游这一新的旅游产品发展前景看好，所以吸引了一些有远见的社会投资者愿意投入农家生态旅游项目的建设。较为典型的就是安吉县的中南百草园，占地面积达3 200多亩，现已投资1.2亿元，开业至今运行良好。

24. 目前农家生态旅游主要模式中存在什么问题？

随着全球生态农业休闲度假旅游大发展时代的到来，我国国内许多地方也都开发了基于农家生态链的休闲农业，例如联合国环境署命名为“全球生态500佳”的浙江奉化滕头村、北京大兴县留民营生态农场、辽宁盘锦西安生态养殖场等，特别是在一些大、中城市周边，以生态农业为特色的休闲旅游已经成为城市近郊游的重要组成部分。但在发展过程中，暴露出许多共性的问题值得我们考虑：

（1）脱离农业经营。如有些休闲农业园以农业的名义征地，然后搞房地产开发，严重偏离了主题，往往是人气没有增加、地皮没有增值、收入没有增长，结果只能是低价转让或者关门了事。

（2）模式过于单一雷同，缺乏创新。我国目前大多数休闲农业的产品基本上都停留在吃农家饭、干农家活、住农家院，再附送一些采摘活动的层次，各项目之间没有差异。仅北京一地，就有顺义的“三高”、昌平的“小汤山”、朝阳的“朝来”、海淀的“锦绣大地”等数家的产品类似，导致市场吸引力的相对下降和相互间竞争的加剧。

（3）缺乏特色。游客到农家生态游景点后，往往花费不大，除了少量娱乐和餐饮外，不再有其他的消费，导致景区虽然热闹非凡，但最后一盘点还不够运营费用的。分析原因，造成消费乏力的原因不是游客的消费能力不足，而是可供选择的商品较少，许多旅游产品缺乏特色，游客有钱花不出去。

（4）受自然气候条件、农事季节的影响。休闲农业旅游时间具有明显的季节性，特别是在北方，淡旺季的反差非常明显。同时由于客源群体主要是城市人口，周一到周五的生意往往比较冷清，周末又人满为患，接待能力显得不足。

25. 农家生态旅游模式的核心理念是什么？

农家生态旅游模式的核心理念是：以市场为导向，以生态农业为依托，以“绿色、环保、可持续发展”为原则，坚持“以农为本，大力发展特色农业旅游”的发展方针，在建设“高产、优质、高效”生态农业的基础上，将农业和旅游两种产业结合，让客人享受清新自然、远离污染的高品质生活。

26. 发展休闲农业型旅游景区的基本设计原则是什么？

生态作为农业和旅游两个产业发展的基础和核心，全过程体现“田园性”、“乡村性”和“生态性”，是农家生态旅游区主题选择的基本出发点，发展休闲农业型旅游景区设计应遵循的基本原则：

（1）能源的利用。尽量使用太阳能和沼气，物资能量大循环，基本实现了污染物零排放。投资建设污水处理厂，处理后的水质大部分指标可以达到一级标准。经过污水处理厂处理后的中水排放到氧化塘，通过水生植物和微生物的作用，进一步进行生物净化，从氧化塘出来的水经灌溉明渠引入沙床再次进行过滤，沙滤后的水引到农业区，用于灌溉农田、菜地，养殖鱼塘和饲养家畜家禽。还可以在有限的土地上开发湿地，起到丰富生态多样性的作用（图 4-5）。

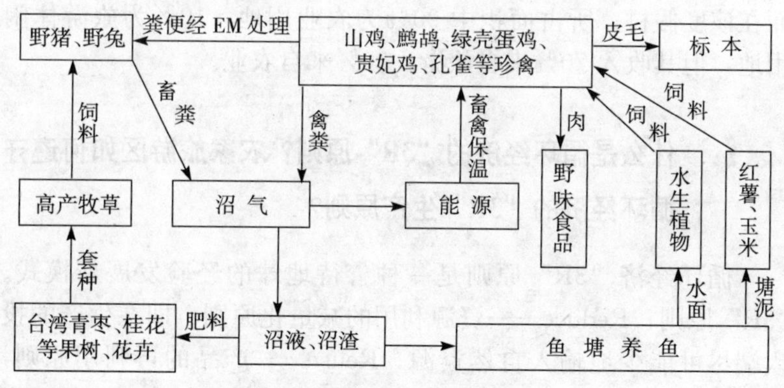

图 4-5　农家生态旅游景区能源利用图

（2）种养的循环圈。水稻收割后，稻草制成蔬菜大棚冬季保温防冻的草帘，稻谷加工成优质生态大米，稻壳、稻糠酿制成醇酒；酒糟喂猪，猪肉供饭店游客食用，猪粪运到沼气池，经高温发酵后成为无毒、无菌的有机肥。

（3）以园养店，以店促园，旅游与农业相结合。该农家生态旅游园区按照"以（农业）园养（旅游）店、以（旅游）店促（农业）园"的经营思想，在布局上采取"前店后园"的方式，"园"有种植园区、养殖园区、科技园区；四季可垂钓的区域；综合性大型康乐宫；特色农家小院客房和仿古农庄；各种动物观赏的"宠物乐园"；夏日室外冲浪的海景水上乐园以及各类农家民俗表演、农业观光、采摘、自捡生态蛋等项目。"园"塑造绿色的旅游环境，提供消费的产品，是成本中心，"店"是消费场所，为园的产品提供顾客，是利润中心。前店后园的布局格式保证了农业与旅游的互补与融合。

27. 农家生态旅游的各指标合理比值为多少?

一般比例为：旅游收入占总收入（农业收入＋旅游收入）的40％左右，条件差的地区，旅游收入可以占总收入的20％左右。而在该度假村，所占面积中90％为农业用地，10％为旅游休闲用地，但其收入70％来自旅游，30％来自农业。

28. 什么是循环经济的"3R"原则？农家旅游区如何遵守循环经济的"3R"生产原则?

循环经济"3R"原则是一种善待地球的经验发展新模式。"3R"原则：Reduce——资源利用的减量化原则，即在生产的投入端尽可能少地输入自然资源；Reuse——产品的再利用原则，即尽可能延长产品使用周期，并在多种场合使用；Recycle——废弃物的再循环原则，即最大限度地减少废弃物排放，力争做到排放的无害化，实现资源再循环。它要求把经济发展活动组织成为“自然资源—产品”和“用品—再生资源”的闭环式流程。它强调最有效利用资源和保护环境，做到生产和消费“污染排放最小化、废物资源化和无害化”，以最小成本获得最大的经济效益和环境效益。

农家生态旅游区在实际运作中形成了两个循环：①物质循环再利用。用杂粮酿酒，酒糟用来饲养猪、牛、羊等家畜；②将人和畜类粪便连接化粪池，经过高温发酵、杀菌产生沼气，供做饭、炒菜和照明，沼气废液和残渣引入农田做基肥。这样保证了在种植过程中不使用一滴农药和化肥，产出食品为无公害食品，既变废为宝、节约能源，又保护了生态环境。

29. 农家生态旅游如何塑造绿色的乡村生活体验？

现代旅游者寻求不同的体验、强调自己做主，观看享受但不损坏、只为有趣、并存、理解、冒险、外出尝试地方风味、混合等理念。而差异性、参与性与挑战性是项目设置的基本要求，其中差异性是最重要和最普遍的。差异性主要包括唯一性、第一与多样性。旅游产品要体现出新鲜感，首先要有特色，即具有独特性，其次具有唯一的特征，最后是提供给游客多种选择。在项目设计中，主题是十分重要的，特别需要体现地方性。

农家生态旅游应从以下各方面塑造绿色的乡村生活体验：

（1）现场消费的原则。该度假村强调：肉现宰现吃、螃蟹现捞现煮、牛奶现挤现喝、豆腐现磨现吃、蔬菜现摘现做，甚至在餐厅大堂摆设一个由骡子拉的大磨石，现场处理游客买来或者摘来的米、面、豆等农作物，游客可以看着自己带来的农作物被制作成可口新鲜的食品。绿色食品重“鲜”，现场消费则是销售绿色的关键，它既增添情趣，又丰富产品的内容，使游客产生消费的冲动。

（2）原始自然的氛围。农家生态旅游景区投资兴建的仿古农庄，如通过复原老北京风情，展现50年前农村各阶层生活情境的四合院群落，包括豪华宅邸、书斋雅室、勤武会馆、茅屋草堂、酒肆作坊，另有古钟亭、大戏台、拴马桩、溪水、小桥、辘轳以及房前屋后的绿树、菜园、鸡鸣狗叫等，错落有致，自然天成，构成一幅鲜明的田园图画，为游客体验提供了生动的背景和环境。

（3）民俗游乐的内容。采摘、垂钓、捕蟹、温泉浴、温泉冲浪、逛动物乐园以及各种球类娱乐项目，简单但热闹，有乐趣、有挑战、有满足，特别适合家庭游、亲朋游。度假村内采用生态交通，尽可能使用畜力交通工具，或者以步代车，不用有害环境和干扰生物栖息的交通工具，如羊拉车、牛拉车、马拉车、狗拉车、骑骆驼，同样可以成为体验的内容之一。

（4）创造消费的需求。农家生态旅游区销售的都是游客自己采摘与垂钓的农产品，或者是农家旅游景区出产的绿色食品：土鸡蛋、土鸭蛋、时鲜蔬菜和瓜果、酱菜、绿色大米等，或单独为篮，或组合成盒，成为游客购物时的首选。由于已经看到所销售产品的生产与加工过程，同时也品尝过其中部分，游客对旅游区提供的商品具有极大的购买热情，即使价格是市场一般农副产品的3～4倍，也会连吃带拿，带走若干。

良好的生态环境，独特的产品设计，奇特的农家文化，旅游与休闲的巧妙结合，众多的参与性项目，悦目的资源整合，不同的消费档次满足不同层面的消费者需求，高质管理与温情服务等构成了旅游区提供游客欢乐体验的基本要素，使游客感到物有所值。

30. 农家生态旅游的整体经营核心及其原则是什么？

“市场化＋专业化＋社会化”是整体经营的核心，其核心原则是：减少管理层次，划小核算单位，专业化管理，社会化服务，对内竞争，对外统一。

31. 农家生态旅游实际经营运作模式是什么？

（1）组织结构按照企业制度建立起完全市场化的运作体系，建立合理的薪酬和奖励制度，明确各工作岗位的职责和目标，促进景区操作人员的积极性和主动性。董事会制度下的总经理负责制是休闲农业型景区的一种比较好的管理形式。

（2）经营上采用分开管理、独立核算、循环利用。首先是农业区和度假村分开管理，实行大循环、各自独立核算制度，聘请的是专业人士经营，农业区实行的是承包责任制，遵循了一条“以园养店、以店促园”的发展思路，实行园区开放（不收门票）、采摘园免费品尝等措施。

（3）经营体制减少管理层次，集团公司总经理只管理各单位第一负责人，旅游开发公司总经理只管理下属各单位第一负责人；划小核算单位，原则上，能够进行独立核算的单位都要进行独立核算，直至核算到小组及个人，形成“千斤重担人人挑，人人头上有指标”，使每个员工都能感受到压力和动力；专业化管理，防止各经营单位实行独立核算后，各自都设立自己的辅助部门而导致“小而全”现象，必须对各经营单位进行合理的划分与分工，各经营单位只负责本专业和本行业的事项；社会化服务，主要指在景区，把可以进行公共服务的部分统一由物业部门来管理，物业部门通过为各经营主体单位提供服务而获得收入。这里的物业包括保安、卫生、交通管理、供水、供电、通讯、基础设备设施的维修等方面。

（4）管理方针强调，农家生态景区中生态是景区的生命，生态效益等于或者大于经济效益，不仅仅要使环境得到保护，而且要使环境更美好、更丰富；把动植物、水、空气、岩石、文物、阳光等资源当作景点向游人介绍，并把它们当作企业的财富与资产进行管理，健全生态保护的机构、人员、资金，对游客、员工、社区居民进行生态教育，考核景区工作的指标包括经济效益、社会效益、生态效益三方面的内容。

(5) 内部能力建设在人力资源方面，通过各种方法提高员工综合素质，完善服务系统，积极推进岗位交叉互补 (Cross - Utilization) 与现场走访，由游客和员工共同营造度假村的欢乐氛围；在服务过程中，推行行动准则的"SCSE"策略，即：安全 (safety)、礼貌 (courtesy)、表演 (show)、效率 (efficiency)；同时，编制详细的作业手册，保证提供服务的质量。

32. 农家生态旅游实际盈利和创收有哪些方面?

农业生产提供优美的自然生态环境，支持城郊旅游的发展，各种民俗与农产品不仅成为休闲旅游的主要内容，而且还是创收和吸引游客的重要途径，具体方面如下：

(1) 盈利双渠道：休闲农业具有农业旅游双收入渠道，降低了风险并互相强化提高对方的收入；

(2) 绿色溢价：该度假村采摘的绿色蔬菜的价格是一般超市同类商品价格的 4 倍以上，垂钓鱼类的价格也在市场价的 4 倍以上，从外地采购来的转卖商品的价格也在收购成本的 3 倍以上；

(3) 范围经济：通过构建各个子系统间的"代谢"和"共生关系"，形成物质循环，降低了生产成本；

(4) 现场消费效应：现场消费降低了农产品运输成本，降低了农产品的促销成本；

(5) 实行通票（实际上是免门票），促进消费的增长。

33. 如何认识农家生态旅游发展模式与农业竞争优势之间的关系?

农家生态旅游发展模式对农业竞争优势的形成有着直接的重

要作用，而农业竞争优势的构建则要求农业发展模式的创新。以往人们对农业发展模式的总结和认识，一个是制度型模式，一个是产品型模式。前者有苏南模式、温州模式，我们以前搞的大寨模式也是一种制度型模式；后者诸如各地搞的专业村、专业屯等，类似于日本的“一村一品”模式。这两种模式也就是发展经济学家所说的制度和技术诱致性变迁的结果。这种结果无论是对其他发展中国家或是对我国提高农业的竞争力而言，都会起到积极的作用。可是当一个国家或地区的农产品供给跨越了短缺状态之后，这两种模式是否还能以不变应万变，值得深思。

目前，农业功能的多样性在国际上已成为人们愈来愈关注的问题，日本、韩国已在农业法中确立了农业功能多样性的法律地位，日本在 WTO 的农业谈判提议中首先强调的就是农业的多方面功能问题；欧盟在其确定的欧洲农业发展模式中，也认为农业不只是产量导向，还追求赏心悦目的农村风光和充满活力的农村社区，并认为在全欧洲包括一些正面临特殊困难的地区，发展多功能的农业是关键性问题，而追求高价格、保护主义和生产的官僚控制，将丧失国际市场，失去内部消费者，并导致欧洲农业发展水平下降。面对这种态势，我们必须大力推动这方面的研究与实践，为我们的农业发展开拓更为广阔的空间。

34. 功能多样性的农家生态旅游发展模式，其作用体现在什么地方?

（1）有利于最大限度地发挥各地农村的比较优势，增加农民收入。从我国各地情况看，其自然禀赋条件和经济社会条件是千差万别的，而这种千差万别的特殊性就蕴涵着多样性的农业功能，而对农业功能多样性的发掘过程，实际上就是比较优势的构建过程，也是增加农民收入的一个重要途径。

（2）有利于推动全社会对农业的参与度。推广功能多样性的农业发展模式，特别是发掘农业自身具有的科教、环保、民俗、文化、旅游等众多功能，将有利于吸引社会上各相关部门参与农业的开发，使农业的发展不再是农业自身的事，而真正成为全社会意义上的农业。

(3) 有助于推动农业制度创新。由于农业发展模式的多样化以及由此带来的社会参与农业的多元化，必将使农业制度创新在内生的多样性功能驱动下和外部力量的撞击下，变得更加活跃，农业制度创新的形式更加多样化，使得农业制度这个生产关系的外壳更能适合于农业生产力发展的客观要求。

(4) 有利于我国在 WTO 框架内，在农业功能多样性的讨论和谈判中处于主动地位。

35. 结合桂林恭城县农业景观生态旅游开发模式案例，谈一谈农家生态旅游如何进行实际的模式开发与构建？

(1) 恭城县概况。

①自然条件简介。恭城县地处桂林卡斯特地区的东南部，县境周围环山，地形高低悬殊，以山地、丘陵为主。境内土壤以红壤、黄壤、石灰土、水稻土为主，多为壤质或碎块状结构；气候冬无严寒，夏无酷暑，四季如春，是理想的避暑之地，茶江是县内最大的河流，属于珠江水系，水资源丰富。

②农业发展概况。果园面积大，农业工作为主，土地利用结构以园地为主，大部分地区主要从事单纯的农业生产耕作活动。农业资源丰富，已经形成了种类繁多的生物资源，除粮、油、蔬菜外，还有柑橘、桃、李、梨、柿等，因此，恭城被称为“中国特产之乡”。

③自然风景资源。恭城县境内自然景观资源丰富，有近百处，包括生物景观、现代田园风光景观、河湖风光景观、岩貌景观、泉井景观和山岳风光景观等。

④经济与旅游发展现状。恭城县经济结构逐渐优化，以旅游业为代表的新兴产业近年来得到较快发展（表4-1），具有一定旅游开发基础。形成农村旅游市场，客源市场规模逐渐壮大，旅游开发潜力大。

表4-1 恭城县生态农业旅游接待量与其影响相关因素联系表

年 份	2001	2002	2003	2004	2005
生态农业旅游接待量（万人）	9.3	19.6	32.3	39.4	43.3
恩格尔系数（%）	53.3	51.9	32.5	47.8	32.6
生态农业游览区空间集聚度（%）	0.025	0.087	0.398	0.402	0.402
生态农业游览区规模（公顷）	53.2	186.2	853.2	874.5	874.5
生态农业游览区地域容量	0.158	0.077	0.042	0.049	0.053
农业静态景观面积（公顷）	40 281	41 054	41 208	42 542	43 966
农业动态景观面积（公顷）	42 670	42 436	43 008	43 252	48 611

恭城县农业生态旅游从影响力上分析，排在前六位的影响因素依次为农业静态景观面积、农业动态景观面积、恩格尔系数、生态农业游览区地域容量、生态农业游览区空间集聚度、生态农业游览区规模。

(2) 恭城县农业景观生态旅游开发模式的提出。回顾恭城发展史，早在20世纪80年代初，恭城县被列为广西49个“老、少、边、山、穷”县之一。自1983年以来，县政府领导调整经济发展战略，形成了“养殖—沼气—种植”三位一体的生态农业产业链，即“恭城模式”。“恭城模式”不仅带动了全县社会、经济的发展，使全县生态环境步入良性循环，而且还带动了全县旅游业的发展。近五年来，恭城县利用其优美的乡村景观、完美的自然生态环境和多年的生态农业建设成果大力发展生态农业旅游，使其一举成为该县旅游业的支柱。过去，恭城历届县委县政府曾试图利用其文、武、周王三庙和湖南会馆等文物古迹大力发展旅游业，但效果并不理想，每年到恭城旅游的人数仅停留在2

万～3 万人次。自从恭城人民凭借其独特的生态农业建设成果，加大宣传力度，利用“全国生态农业示范县”、“国家级生态示范区”、“中国月柿之乡”、“中国柑橘之乡”、“国家级可持续发展实验区”、“全国无公害水果生产示范基地县”、“全国民族团结进步模范集体”等金字品牌开发新的旅游产品类型，以生态农业成果为基础的生态农业旅游在全县悄然兴起。如今的恭城县，阳春三月，大岭山桃园万亩桃花相映红：金秋时节，茶江两岸果场千顷水果竞飘香。这种与城市高楼大厦、繁杂喧嚣形成鲜明对比的田园美景吸引着成千上万的城市居民前往游览观光。尽管恭城生态农业旅游发展态势良好、发展前景广阔，但是也存在不少问题。比如，没有统一的开发模式，农业景观资源单一、不具备带动性，生态农业旅游缺乏深层次项目等。为解决此问题，本案例针对恭城农业景观旅游资源特色，提出开发模式，指导地区农业景观生态旅游的发展。

（3）恭城县农业景观生态旅游开发构想。基于上述分析，在园地模式的指导下，根据恭城县农业景观旅游资源、环境、区位及农业生产等特点，恭城县农业景观生态旅游开发布局应该为“三区、一带”结构。

①大岭山农业景观生态旅游区。该区包括桃花长廊、仙竹林、野生莲花塘。本区为恭城县重点农业景观生态旅游区，定位为园地模式中的母景区，对平安农业景观生态旅游区起带动作用。这里交通方便，距桂林市区 107 千米，最接近城市消费群体和旅游客源市场。农业景观旅游资源属于园地景类，代表景点有桃花林、仙竹林、野莲花等。发展方向以观赏农业静态景观为主，可以重点开发花卉观赏、文化休闲等观光型农业景观生态旅游项目。

②红岩农业景观生态旅游区。本区位于县城的西南部，是恭城县生态旅游的核心区。拥有万亩月柿林，果园景型园地类农业景观旅游资源丰富。由于国家级生态示范村——红岩村位于其

中，故该区定位为园地模式中的母景区，利用“红岩”魅力，吸引国内外游客走进农村，观赏、了解农村地区情况，带动子景区农业景观生态旅游的发展。农业景观生态旅游的发展方向是：结合“红岩村”及“月柿节”，以观赏采摘、体验农业耕作为主，发展观光果园、采摘农园、沐浴森林、体验新农村生活等项目。除此之外，在控制客流量对生态环境构成危害的同时，利用各种宣传手段，大力推荐本县自产农业产品，使游客除观赏美丽的农业景观外，深刻认知该县丰富的农产品资源，从而对农业生产起到间接推广效果。尤其是每年10月的“月柿节”，以农业产品自身作为农业景观旅游资源，开发时不应只局限于“月柿”为游客营造的金黄色农业景观，也可推出各种“柿”宴，让旅游者在品尝各种柿品美味的同时，了解“月柿”产品的加工过程，间接促进“月柿”生产，提高月柿销量，使旅游者在整个旅游过程中，不仅感受到丰富的农业景象，而且体验到浓厚的月柿文化。

③平安农业景观生态旅游区。该区由一些吸引力弱的农业景观生态旅游区（点）构成，包括横山生态村、社山生态村、古樟林、古枫林。由于该区包含的生态旅游区开发较早，加之各项旅游服务设施的不断退化，吸引力相对较弱，所以该区定位为园地模式中被带动的子景区。此区可利用自身优美的农村风光，完善旅游服务设施，丰富目前单一的观赏内容、单调的游玩活动，增大农业景观游览范围，依靠母景区的带动，逐步开展以反映农村生活为背景的集度假、垂钓、赏枫等感受体验型的生态旅游项目。

④公路沿线农业景观生态旅游带。由恭城境内的桂林——灌阳省级公路及恭城镇——莲花乡县级道路组成。该农业景观生态旅游带作为景观廊道，连接大岭山、红岩、平安三个生态旅游区，提高三个生态旅游区空间集聚度，对母、子景区的带动起到桥梁作用。农业景观生态旅游的发展方向是：充分发展景观廊道的作用，利用景观异质性理论，选择与三个生态旅游区的农业景

观旅游资源特色互补的农作物栽种在道路两旁，游客游览完任何一个生态旅游区，可沿着农业景观生态旅游带一边采摘，一边观景，不知不觉地进入下一个生态旅游区，提高了景观的连接度和稳定性，使恭城县成为一个整体的农业景观生态旅游区。

（4）农业景观生态旅游开发的政策建议。

①政府导向型战略。在当今市场经济条件下，发展农业景观生态旅游，应该坚持政府导向型原则。恭城县农业景观生态旅游的开发应引起政府部门的高度重视和大力支持，各旅游相关机构分层管理，建立相互协调的组织管理机构，只有这样才能实现恭城县生态农业旅游区从无序发展、规模分散、粗放经营管理向集聚、规模效益型的有序带动方向发展。政府在发展过程中的导向作用主要体现在观念先导、宏观指导、政策指导，完善和改革管理制度，提供必要的资金、技术、政策支持，营造良好的旅游发展环境等方面。

②强化农业景观旅游资源及生态环境保护知识。农业景观旅游资源是农业景观生态旅游赖以生存的资源基础，也是使游客产生旅游动机的吸引物。只有保护好农业景观旅游资源和农业生态环境，才能维持农业、旅游业共同可持续发展。保护目标的达成，必须以管理人员、游客、当地居民的环保意识作为先决条件。在生态旅游的全过程中要倡导生态教育，特别是生态道德教育。对进入旅游区的所有人员要开展广泛的以生态旅游、环境保护为主要内容的宣传教育活动，以培养和增强管理人员、当地居民、游客的生态环境保护意识。恭城县可以在各生态农业游览区入口处建立各种规模、形式多样的生态旅游者服务中心，用标本、图片、图书资料、影视、录像、宣传手册等向游客介绍景区概况、宣传生态环境知识，使他们认识到保护资源、环境的重要性，从而自觉关注生态、提高环境保护意识。

③突出农业静态景观的立体美和时序美。农业景观生态旅游成败的关键在于农业景观是否具有魅力。立体化的意义在于发挥

农业景观旅游资源集约化功能，使农业景观成为一个有机的二维架构体，但是并不忽略生态环境的问题。相反，通过农业景观要素的开放和整合，最终会使原有的生态环境更加宜人，原先没有绿化基面的环境空间可以通过基面的立体化处理增添宝贵的绿化系统；没有购物与休闲、娱乐环境的空旷公共场地，也可以通过整合农业景观要素对二者进行有机的立体化整合处理，提升生态环境的宜人度。时序化的意义是结合旅游目的地的气候，使地区的季相更加丰富、美好，产生花开花落、叶绿叶黄的变化，形成各具特色的美的组合。恭城县农业景观旅游资源存在着档次低、重复率高等诸多问题。因此，恭城县应吸收先进的景观开发经验，立足本县生态优势，根据山地丘陵地区不同的垂直高度、不同的气候特征，因地制宜的耕种不同农作物，使区域随时间变化、地点转移形成不同的农业景观，达到四季异景、移步换景的目标。

④动态参与与静态观赏相结合。生态旅游成为当今旅游主题的热点，让游客亲自参与和亲自体验是感知生态氛围的最直接方式。恭城农业景观生态旅游作为一种特殊的旅游形式，对此必须有清醒的认识，并予以高度重视。在考虑农业景观与生态旅游的关系时，仅仅关注如何营造优美的农业景观特色是不够的，还应充分掌握旅游者的消费心理和倾向。在提高静态景观观赏性的同时，建立起使旅游者能够参与的新型观光结构，组织一些趣味性强的、知识含量高的活动，比如可让游客一起参与耕作、采摘等务农活动，和农民一起制作绿色食品等。只有这样，才能留住游客，延长逗留时间，促进当地经济发展。

⑤加强景观廊道的建设。廊道是线性的景观单元，具有通道、屏障等功能。加强景区间的连接廊道建设，以旅游交通线路为基础，形成旅游、景观廊道。恭城县境内部分作为景观廊道的道路不仅要具有交通性，还应具有生活服务性和观赏性。从农业景观生态旅游开发的整体来说，是组织农业景观的骨架，应该成

为游客体验农业景观生态旅游的重要场所。因此，道路的建设，除了必须满足道路交通的功能与技术要求外，还必须重视研究如何使道路成为富有观赏性的农业景观廊道连接母、子景区，从而使道路景观同周围环境达到高度和谐与统一。将恭城境内桂林—灌阳国道、恭城—莲花的县道作为输送旅游客源、农业景观旅游资源共享的重要通道，进行西岭—恭城镇—莲花一线的道路建设，将三个生态农业游览区连通在一起，加强了景区的可进入性和空间集聚度，同时为沿线村庄旅游经济发展和其他经济增长创造了重要条件。

⑥做好旅游规划设计。农业景观旅游资源的开发必须认真规划。因此，在开发之前应对恭城县的农业景观旅游资源进行详细的调查研究，建立从可行性研究—开发规划—管理体制的科学的开发程序，避免“一哄而上”。规划设计时，根据投资数额选择资质合理的编制单位，编制具有指导意义的高起点、高标准、高水平的农业景观生态旅游发展规划，以指导和协调开发工作，制止开发过程中的不良行为，统筹安排各项目；在开发规模上，坚持大、中、小相结合，重点抓红岩、大岭山生态农业旅游区，打造成生态型的精品农业景观旅游区；在档次上，坚持高、中、低相结合，既要有高档次的生态农业旅游点（区）和娱乐项目，也要开发一些适合大众旅游者的观光、休闲项目；在项目选择上，坚持农业静态景观与动态景观开发紧密结合，充分吸取经济发达地区先进经验，项目独特，反映地方特色。

36. 结合神农架生态旅游农业开发模式，谈谈农家生态旅游的开发与构建。

神农架林区旅游开发的提出，始于木头经济时期，1981 年华中师范大学教授景才瑞和湖北大学教授方辉亚来神农架科学考察时，他们认为“神农架生态环境保护，是华中地区开发旅游产业的天然宝库，建议当地政府走旅游兴区强区之路”。此后，因木头经济对生态资源的破坏，唤起了社会各界的呼声，林区人民在开发建设中也慢慢发现，修路、砍树不是神农架的惟一出路。1982年起开始筹建划定国家级自然资源核心保护区；1985年提出“补伤疤、美面容”，大于25度的坡改地退耕还林、还草；2000年林区党委、政府下决心，以保护为主、构建神农架生态经济体系。从此，神农架旅游业走上产业化之路，人们重新审视新农村建设，把人与环境、环境与旅游、旅游与经济、经济与社会有机结合起来，打造生态旅游农业共同体，生态理念的确立，有力地推动了八万神农儿女的公众意识和可持续发展的理念。

(1) 生态旅游农业的基础原理。

①整体效应原理。神农架为神农架群系，处于中国二级台阶的亚高山地带，在华中地区仅留一块原生境的绿色宝地。这是上天赐给神农儿女的福祉，神农架神奇、神秘的风光、独特的生态文化资源。在过去木头经济时代，农业以粮为纲，出现了人与经济、与自然关系紧张和对抗。2000年后，实施天保工程，退耕还林13.5万亩，耕地由22万亩，降到8.5万亩，保护面积由原来104万亩上升到304万亩，净增200万亩。面对当今日益变暖的气候，严重破坏的臭氧层，飞快流失的土壤，迅速消失的森林，逐渐枯竭的水资源，不断减少的生物种群，肆意横流的污水，堆积如山的废弃物带来的贫困、冲突和威胁，神农架提出“保护第一、科学发展，建设人与自然和谐家园”，体现了人与自然核心审美的价值观，在全国率先开展生态经济建设，走绿色保护和生态强区的富民之路，把富饶的绿色财富作为公共产品，使神农架人无私奉献的精神得到光大和发扬，营造旅游大环境，把生态农业、休闲农业、观光农业放在建设首位，让山民在保护中求生存、求发展。

②互惠共生原理。神农架是多种生物共生共存的典范，是长期自然选择协同进化的科普示范区，它以天然生存法则为主，人

工诱导为辅。现查明维管束植物有199科872属2 671种。鸡桑原产中国西部和南部，可在神农架海拔1 200米以上高山阴湿、溪水旁广而见之。野生腊梅天然群落数量之多，属Q_3、Q_4的珙桐也有群落分部，鹅掌楸、银子鹊和天师栗，在神农架均有分布，野水稻在大九湖被发现，当地称烂潮谷。目前，神农架猪—沼—茶、猪—沼—药、猪—沼—粮、猪—沼—菜、猪—沼—果、茶—鸡、茶—羊共生等生态农业模式，均属共生互利的循环经济。

③绿色GDP原理。改革开放以来，我们从阵痛到发展、到繁荣，GDP达到8.8%～10%的高速增长，经济实力、人民生活与社会地位有了质的变化。神农架开发建设30多年，国家共投入1.3亿人民币，用于修路和砍树，而神农架向国家上交木材450余万立方米，折合人民币4.5亿元。2000年以来，保护后神农架仅森林储量每年净增30万立方米，按1 000元/立方米，年净增绿色财富三个亿。除矿产区开发对生态环境有一定影响，112平方千米的农产区有轻度水土流失外，总体上看，生产者、消费者和还原者处于平衡关系，因而系统稳定，周而复始，循环不已。

然而，经济产出总量增加，既是资源消耗的增长过程，也是环境污染和生态破坏过程。从十年GDP增长速度中，除阳日、新华、宋洛三乡镇靠矿产外，全区总量经济增幅是良性的。在农村新建7 300口沼气池，年可节约生活用材2.45万立方米，相当于封山育林30余万亩。从掠夺性开发转向资源利用，实现资源“废弃物—农产品—再生资源—再生产品”物流循环经济，以减量化、再使用、资源化为原则。神农架提倡建设绿色GDP，人们心中的发展内涵与衡量标准变了，干部的政绩观不仅局限GDP增长上，而且生态环境保护意识不断加强，公众参与度大大提升。

④结构稳定原理。神农架总土地面积480万亩，其中耕地

8.5 万亩，占总面积的 1.8%，国有林地 304 万亩；集体（个人）林地 50 万亩，占 10.4%；天然草场 60 万亩，占总面积 12.5%；水域 5 万亩，占总面积 0.1%；交通、宅基 40 万亩，占总面积 8.3%；岩灌 12.5 万亩，占总面积 2.6%。在土地构成中，变数最大是矿山开发，土地面积不稳定。此外，因小型电站的发展，部分河流和溪水中断，水面萎缩，水生物资源面临危机。

在经济比重中，2008 年全区生产总值 79 681 万元，其中，第一产业 12 034 万元，第二产业 31 720 万元，第三产业 35 927 万元，结构为 15.1∶39.8∶45.1。人均（GDP）9 917 元，按可比价格生产总值为 63 305 万元，而农村经济收入 28 685.57 万元，基础经济 6 151.5 万元，占农村收入 21.4%，农业产值 9 658.37万元，占农村收入 33.66%；林业 1 970.32 万元，渔业 116 万元，占农村收入 0.4%；农村工业 502 万元，占农村收入 0.7%；农村建筑 285.6 万元，占 0.1%；餐饮服务业 749.73 万元，占农村 2.6%；畜牧业 7 301.06 万元，占农村收入 25.56%；其他 1 192.7 万元，占农村 4.17%。

从人与自然资源占有量来看，国土面积 3 253 平方千米，总人口 80 350 人，每平方千米近 25 人，人均拥有土地 59.74 亩。在 8 万多人中，属神农架籍的只有 47 000 人，占总人口的 58.5%，自开发建设神农架以来，外地迁入 33 350 人，占总人口 41.5%。实践证明，神农架资源已形成共享。森林覆盖 87.8%，保护区达到 96%。旅游经济 2 762 万元，年接待游客人数 117.5 万人次，人口自然增长率控制在 0.45%，万元 GDP 能耗降低为 4.71%。

⑤效益协调原理。在庞大的生态旅游系统中，农业、旅游、景点与农业相结合，首先是整合农业与旅游之间关系，建立责任政府，理顺旅、农、林生态产业链。我们知道传统工业文明比农耕文明的发展性高，但持续性差。生态旅游农业重点就是解决社会性与环境、人口与资源效益可持续发展的原则。充分开发乡村

空间，一园多用，异景显文，建立配套完善的旅游设施，农业生产以原、土、古为主，创造新、奇、特的观光效果。利用农业观光、乡村度假、民俗乡情体验、野果美食品尝、农事劳作、文化娱乐、农业技艺学习、乡土文化欣赏，以农业为载体、以旅游经济为重点、以名胜古迹为基点，让旅客有穿越时空、陶冶情操的感觉。

(2) 神农架农家生态旅游开发模式。

• 茶文化观光农业展示园

最早发现茶、认识茶并饮用茶的国家是中国。茶发于神农架、而兴于周，“神农尝百草，日遇七十二毒，得茶而解”。神农架茶以木鱼、下谷为主，一般生长在海拔 1 500 米以下，8 个乡镇均有分布。在石磨的长坪和木鱼的黄土包有野茶群落，无疑是茶的原产地。现已形成绿茶、红茶、黄茶、青茶和云雾茶五大类。适宜茶生长的弱酸性土壤 30 余万亩，可规划面积 5 万亩，现有茶园 1.2 万亩。成立茶叶合作社，从择地、栽培、选茶、采茶、制茶入手发展品牌名茶，且得地、得时和得法。茶道精神堪称儒家中庸之道，茶可励志，可养廉、可交友和礼仁。神农架文化融儒、道、佛流派之精华，在农村有佛教茶晏中以孤寂青灯，强调明心见性；道教茗饮寻求空灵虚静，避世超尘；儒家以茶励志，和极入世。共同点为和谐、平静。强调人与自然和平共处，饮茶时审己、自省、清清白白看自己，踏踏实实对别人，核心在茶礼，就是学会尊重别人，主张仁爱、互敬、和谐亲睦、谦让。用茶文化铸茶产业，而神农泉水泡茶是中国一绝。开发茶保健、建设茶乡生态旅游夏令营、乡村茶趣和茶馆、茶社，是必经之路。诗曰：神农水清石陵泉、木鱼生茶如凤瓜。云雾不寒春气早，奇峰芽生偿百草。白毫镶绿青碧井，十斤茶养一两芽。青天富贵七八家，一啜尤须三日夸。想见炎帝旧居土，怎改旧时香味色。

• 干果休闲生态农业示范区

核桃、板栗是林区优势产业，实行区域布局，规模化生产，开发品牌农业，展示绿色经济。全区可发展干果面积 50 万亩，已发展 11.6 万亩，干果总产值千万元，占农业产值 5%。其中板栗 10 万亩，可采收面积 4.5 万亩，核桃 1.6 万亩，可采收面积 1.28 万亩。2004 年该区干果荣获全国无公害食品，产品远销全国各地，核桃由原来的 1.6 元/千克上升为 16 元/千克，板栗 0.8 元/千克上升到 3 元/千克。是退耕还林的首选生态品种，它涵养水分、固土保肥和净化空气，投资小、见效快，一次投资多年见收。利用神农架野核桃资源，开发新品种，让干果成为农业主导产品。

• 林药立体农业开发区

神农架是中国药草之都，中药资源 2 023 种，药用植物种类占全省 52%、占全国 33%。大宗产品有黄连、独活、党参、连翘、通草、柴胡、丰复、黄芩、射干、灵芝、猪苓、茯苓、银杏、绞股蓝等，名贵中药材有头顶一颗珠、开口箭、小丛红景天、七叶一枝花、江边一碗水、文王一笔、天麻等，这些都可林下发展，建设九湖、红坪特产乡和特产村，下谷坪林药间作示范乡。依托旅游业，全方位、多层次开发中药保健旅游产品。一是小型化、精包装、礼品式，有人性的原则；二是倡导保健旅游、休闲游、生态游，让中药材进旅游服务业；三是沿旅游线建设一批名贵药材集散地，为游客提供观赏购物、休闲一条龙服务；四是开发口服液和饮料产业，做大做强中药材基地。

• 林下食用菌多业建设区

神农架 400 余万亩林地，林下产业潜力大，林下栽培天麻、香菇、黑木耳和其他食用菌山场大，资源丰富。充分利用护林中废弃物，栽培天然食用菌，特别是经济林中可大力发展，天然林中可自生自灭。在松柏、阳日、新华、宋洛和红坪的板仓、红举一带有 10 万亩栓皮栎，建议保护树干，开发树枝，建设林下地栽黑木耳，前景广阔。每亩栓皮栎林中应因地制宜，按 2 000～4 000袋放置林间，年产值可达 1.0 万～1.6 万元，成本 0.45

万～0.6万元，亩赢利0.4万～0.5万元。大小兴安岭森林保护后，林业工人和当地农民靠林下发展食用菌，户户有存款，个个有事业。神农架可发展20万亩，神农架有5万农民和2 000林业工人，每人开发3亩，农民和林业工人的生存、生活问题就会得到基本解决。此外，林下发展养蜂业，在保护中华蜜蜂的基础上，利用天然花源，培植花源，开展特色养殖，以集中养蜂为主、分散养蜂为辅，严禁外地养蜂和外地蜂种进入该区，确保种源。按照“保护天然物种，开发本地蜂源，林蜂结合，规模生产”的原则，把神农有机蜂蜜做大、做强、做实。

• 野生种质多样性展示园

在全国“主要农作物品种资源研究”科技攻关中，考察组在神农架惊奇地发现，只要其他地方有的，神农架都有，濒临灭绝的在神农架还有幸存。从9 526份标本中，其中粮食类2 391份，油菜类3 497份，茶桑类602份，纤维241份，特用作物1 333份，特用植物170份。建议在百草坪、茨芥坪、水沟、黄龙堰一带，建设粮食、油料、药茶、茶桑、药材等种源展示园，供旅游观赏和科研考察，让世人看到神农架生态的价值，彰显神农架人保护创新精神。

• 古盐道旅游农业精品线

神农架是人口、经济、社会由北向南发展的过度区域，在九湖乡的黄柏阡、红坪镇的红举和官封至今保留着古盐道遗址，流传着很多传奇故事。建议开辟“红举—东溪—九湖—四川”古盐道旅游线路，修筑人行便道，组建马帮，充分挖掘文物古迹、乡土风情、民间文化等。在新农村建设中，农村建筑采取仿古模式，恢复四合院、跑马屋、转角楼、石子路等建筑风格，保护好田野、溪流、山林和古农耕技术。

• 原始小杂粮、山野菜休闲农业观光区

神农架原始小杂粮和山野菜资源极为丰富，原始小杂粮有燕麦、荞麦、洋麦、红小豆等；山野菜有蕨菜、薇菜、苋菜、笋类等。红坪镇、宋洛乡生态保存完整，旅游景点、原始小杂粮和山野菜资源相对集中，在这两个乡镇开发建设休闲农业观光区，发挥市场农业优势，调整特色产品资源配置，开展“小而精、小而优和小而特”的传统生产模式，依托资源形成“人无我有、人有我优、人优我特”的原始小杂粮休闲农业观光区，树立“不求其多、但求其特，不求其全、但求其精”的特色经济新观念。

• 城（镇）郊旅游农业示范区

将松柏、木鱼、阳日、红坪、新华五镇，实行城乡统筹，开展以工哺农、以城带乡带农村，从根本上改变就农业抓农业、就农村抓农村的传统思维。利用城郊便捷的交通条件、清新怡人的田野风光、优美开阔的农家小院，为游客提供度假休憩、游乐、就餐、住宿、采摘等服务项目。一是园区农业型：兼顾农业、科普和休闲观光，新建无公害生产示范基地；二是特色产业型：以绿色、生态、自然的农业产业带和资源为载体，为游客提供观光、采摘、游玩等项目，领略生态农业情趣；三是人文农业型：挖掘当地人文资源，开发自然景观、开展农戏、探幽、访古等，如白莲教、花屋；四是农家乐型：以农民庭院为基本接待单位，体验生活特色，享受乡村度假游。

• 农村循环经济旅游再生模式

构建和谐神农架，保护神农架的自然生态环境，农村循环经济是未来的发展方向，大力开展生态家园建设。推广沼气，推广太阳能增温棚栽技术，改造农村地火垅，利用“猪—沼—果”、“猪—沼—粮”、“猪—沼—茶”等循环经济模式，优化农村环境，大力实施乡村清洁工程，走“一村一品”、“多村一业”的产业化发展之路。

• 绿色旅游农业示范区

绿色农业是一个大农业概念，绿色旅游农业是神农架特定条件下提出来的，它以绿色为主导，以旅游为平台，以农艺为发展模式，以效益为核心，涵盖“农、旅、林、渔、工、品”等六大方面，保护生态安全和人类生存环境，发挥山村、田间优势。绿色旅游农业不是传统农业的回归，是生态旅游农业发展的缩影，并不是对生态农业、有机农业、自然农业的否定，而是抛弃各类农业的种种弊端，取长补短，丰富其内涵的一种新型农业。从原则、原理、目标、效益和技术路线，勾勒农业蓝图。利用绿色资源、提供绿色产品、开发绿色旅游，使旅、农、林三业有机结合，形成一个整体。

• 用“三品”建立品牌农业示范区

自2000年来，由于退耕还林而耕地萎缩，但通过产业结构调整，品牌农业开发，单产不断提高，效益凸显。几年来共认证“三品”18个，其中有机食品3个，绿色食品3个，无公害食品12个。神农架萝卜、白菜经无公害食品认证后单价由原来0.2元/千克升到1～1.5元/千克，仅此一项新增产值2 000万元，板栗、核桃被认证后，原来的滞销产品变为紧俏产品，板栗由0.6元/千克上升到2.5～4元/千克，核桃由2元/千克上升到16元/千克；蜂蜜、有机茶被认证后，蜂蜜产品由原来的3元/千克上升到20元/千克，有机茶由原来20元/千克上升到几百元。因此，农业品牌化是现代农业的重要标准。推进农业品牌，壮大生态旅游农业，创新发展模式，有利于促进农业生产标准化、经营产业化、产品市场化和服务社会化，加快增长方式由数量型、粗放型向质量型、效益型转变。通过有机、绿色、无公害认证，发挥神农架区位优势、品种优势和生态优势。质量是品牌农业的根本，大力推广农业标准化生产，发展无公害农产品，绿色食品和有机农产品是重要手段。在此基础上，重视农业地理标志申报工作，用生态理念引领神农架地理标志事业发展，让地理标志在市场中张显神农架美名，扬神农架人之精神。

总之，生态旅游农业有利于农业生态的环境保护，有利于农民参与发展旅游事业，有利用农业的可持续性，有利于农民增收和农业增效，有利于神农架环境和生态文明建设。

五、农家生态旅游资源与开发

1. 什么叫农家生态旅游?

农家生态旅游，亦可称为乡村生态旅游或乡村旅游，是指农村设施与空间、农业生产场地、特色农业产品、农业经营活动、农村生态环境、农村人文风俗等资源，经过规划设计，发挥农业和农村的休闲旅游功能，形成旅游消费的一种新型旅游业态。

2. 目前农家生态旅游有哪些形式?

(1) 传统观光型。主要以不为都市人所熟悉的农业生产过程为卖点，在城市近郊或风景区附近开辟特色果园、菜园、茶园、花圃等，让游客入内摘果、拔菜、赏花、采茶，尽享田园乐趣。

(2) 都市科技型。以高科技为重要特征，在城内小区和郊区建立小型的农、林、牧生产基地，既可以为城市提供部分时鲜农产品，又可以取得一部分观光收入，兼顾了农业生产与科普教育功能。

(3) 休闲度假型。主要是利用不同的农业资源，如森林、牧场、果园等，吸引游客前去度假，开展农业体验、领略自然生态、垂钓、品尝野味、游乐等各种观光、休闲度假旅游活动。

3. 构成农家生态旅游的核心要素是什么?包括哪些内容?

构成农家生态旅游的核心要素是乡村特殊的自然风貌和风土

人情，其主要包括以下内容：

（1）风土——特有的地理环境；

（2）风物——地方特有的物产；

（3）风俗——地方民俗；

（4）风景——可供欣赏的景色、景象、景观；

（5）风味——地方特色建筑、特色食品、特色服饰；

（6）民谣——民歌民谣和民间传说故事；

（7）习俗——地方特有的风俗习惯。

4. 什么是旅游资源？

资源（resources）通常是指可供开发利用，并能够为人类服务的各种物质的来源，按照是否具有可重复利用性，又可将资源划分为可更新资源和一次性资源。旅游资源也是一种资源类型。在旅游产业开发和利用的特定条件下，旅游资源不仅包括可更新和不可更新的自然资源，而且还包括各类人文资源、社会资源等。

旅游资源是发展旅游的基础条件，没有特色性的旅游资源，就不可能发展旅游产业。由于旅游产业是新兴产业，因而相对于传统的资源概念，旅游资源在内容和构成上都要复杂得多，其确切的定义目前国内外还难以形成统一的表述，但通常可以分为狭义和广义两类。所谓的狭义旅游资源就是能够有效创造、保持对旅游者吸引力的各种因素，包括自然因素、社会因素、人文因素等。而广义的旅游资源则应包括所有能够促进和产生旅游吸引力的要素。

狭义的旅游资源是单纯从旅游行为的角度考虑。按照传统观点可以分为自然景观资源、人文景观资源、风俗风情资源、传统饮食资源、文化资源、工艺品资源以及都市和田园风光资源等。现代旅游产业的角度出发则可分为观光型旅游资源、度假型旅游资源、生态型旅游资源、特种旅游资源和专项旅游资源等。按照成因或属性，旅游资源又可分为自然旅游资源和人文旅游资源两大类型。自然旅游资源是指地形地貌、水体、气候、动植物等由自然地理、环境要素所构成的各类天然景观，具有明显的天赋属性；人文旅游资源则广泛、丰富得多，如各种历史古迹、特色建筑、民族风情、特色传统等，这类资源是特定环境中的人们长期活动所形成的艺术结晶与文化成就。狭义的旅游资源是旅游产业赖以生存和发展的前提条件，是旅游产业产生的物质基础，是旅游的客体，也是旅游产品和旅游活动的基本要素。因此，某一因素构成旅游资源需要具备以下条件：第一，对旅游者具有吸引力，能够激发旅游者的旅游冲动；第二，具有可利用性，随着旅游者旅游爱好和习惯的改变，该因素的包容范畴可以不断扩大；第三，资源的开发能够产生足够的经济效益、社会效益和环境效益，以保证该因素开发利用的可持续性。

广义的旅游资源则涵盖了旅游产业的各个环节，狭义的旅游资源仅仅是旅游行为的发生环节，实际上，在旅游产生之前还有大量的支持性旅游资源，如交通资源、科技资源、市场（客源）资源、资金资源等。旅游首先要解决游客的通达问题，这就需要具有一定的交通设施，交通不便将对游客的吸引力大打折扣。以黄山风景区为例，在合肥—黄山高速公路开通前，从合肥到黄山需要 7～9 个小时，合肥与黄山之间的旅游活动往返一次需要 3 天时间，如果 2 天往返的话，则需在前一天下午 3～4 点之间上山，第二天中午 12 点左右下山，在山上只能游玩两个小半天，返回合肥已经是晚上 10 点左右，对于空闲时间只有周末两天的工薪阶层而言，返回后第二天一早就要上班工作，非常疲惫。因此尽管黄山风景区的吸引力巨大，但是由于往返时间过长，导致对游客的吸引力减小。而在合肥—黄山高速公路开通后，从合肥可以 3 小时直达黄山，一般旅游团队在中午 12 点左右即可到上山进行观光活动，第二天 12 点下山，在下午 6～7 点即可返回合肥，在风景区的有效旅游时间增加40%以上。由于交通便捷，便开发了黄山“一日游”，即一早出发，于9～10点到达风景区，下午5点左右下山，于晚上10点左右返回合肥，在风景区的有效旅游观光时间与二日游基本相当，因而颇受欢迎。市场（客源）资源是旅游产业生存的基础，没有稳定的客源，旅游景点就不能长期维持。合肥郊区三十岗从20世纪90年代开始，在政府有关部门的大力支持下发展特色农产品种植业，经过多年的努力，其特色种植业在合肥市场取得一定知名度，逐渐有城市居民自发到该地区交友，当地政府部门适时引导，逐步推出了以采摘农家土菜等为主题的特色农家游，并通过交通等部门的通力协作，将合肥市的公交线路向该地区延伸，以便捷的交通、无公害特色种养业培育了稳定的城市客源，收到了较好的效果。

随着时代的变化，旅游资源的概念也在不断更新、扩大，越来越多的领域被纳入旅游资源的范畴。如随着人们对健康的日益关注，保健旅游开始盛行，到一些长寿之乡访问百岁老人、参观中药材博物馆、“森林浴”、“日光浴”等悄然兴起。参与性的旅游活动也已不仅仅局限于滑冰、滑雪、冲浪、游泳等，又出现了滑沙、滑草、放风筝、田园作业等项目。旅游活动也不仅只局限于地面上，已经开始向水下、高空发展：如乘坐飞机或飞艇体验飞行、观赏风景；潜水观看海底世界；甚至遨游太空也已经成为现实；西安的卫星测控中心、酒泉与西昌卫星发射中心等也局部对游客开放，成为新的旅游景点；集优美的环境、现代高科技、深厚的文化内涵于一体的大型综合性旅游城也有继续扩大的趋势，某些现在看来不是旅游资源的因素，很可能以后会成为活跃的旅游资源。

在现代旅游产业中，人们一般更注重狭义的旅游资源，将其列为旅游资源，而不将市场（客源）资源、基础设施资源、科技资源、资金资源等列为旅游资源。这虽然有一定的道理，但也有相当的局限性，为不引起歧义，以下在讨论旅游资源时均指狭义的旅游资源，其他的资源则成为辅助性旅游资源。

5. 旅游资源有什么特点?

不同于土地、矿藏等传统资源，旅游资源一般具有广域性、区域性、不可移动性、多样性、永续性等特点。

（1）旅游资源在地域分布上十分广泛。可以说，在地球上任意一点都有旅游资源分布。如在人口密集的陆地上有人们熟悉的各种自然、人文景观，像黄山集地质遗产、文化遗产、自然遗产于一体。城市有体现人类智慧的现代建筑，乡村有浓郁的民俗及田园风光，人烟稀少的山区、沙漠，有原始、纯朴的自然风光；在无人居住的陆地上则有人们不熟悉的特色景观，如南极的冰雪；在海洋中有波涛汹涌的海浪和一望无际的水面，有奇特的海洋生物；在天空有瞬息万变的气象景观。可以说，几乎在地理圈范围内的各个区域都有旅游资源的存在。

（2）旅游资源具有强烈的区域性。各种旅游资源既是自然环境的组成部分，同时又受到自然环境的影响与制约，从而使旅游资源产生区域性差异。如海岛低地、热带风光、椰林竹楼、高山积雪、沙漠驼铃等特色旅游资源，均与所处的自然环境有关。不仅自然旅游资源受自然环境影响，人文旅游资源也在很大程度上由自然环境决定。人们在长期的生活与生产中，为了获取适宜的生存条件，不得不顺应自然、适应自然。因而，人类创造的各种人文景观及文化遗产，也都受到了地理环境的影响，留下了区域特征的烙印。以民居建筑为例，四合院、小胡同是老北京的标志，窑洞是黄土高原特有的民居，内蒙古牧区的牧民则主要居住帐篷与毡房，西南部潮热地区的居民更喜欢所谓“吊脚楼”，等等，这些民居的特点都与生活地的自然环境特异性密切相关。

（3）旅游资源具有不可移动性。各种特色旅游资源一般都集中分布在与其地理环境、区域环境相适应的地区，具有强烈的地方色彩、区域特征。这正是旅游资源个性特征——不可移动性的体现。与这类地方色彩、区域特征相适应的是自然环境的个性特征，离开了个性特征，建立在特色、个性基础上的内涵与吸引力将消失或者大大降低。例如，把少量的秦兵马俑运到外地去展出，由于数量有限，且脱离了兵马俑博物馆周边地区强烈的“兵马俑”氛围，一方面，人们很难感受到深厚的历史积淀，另一方面，由于数量上与兵马俑博物馆相去甚远，人们根本无法感受两千年前秦军兵强马壮、气势磅礴的阵容，体会秦始皇统帅百万大军“横扫六合”、“北却匈奴”、“南平吴越”，统一中国的宏伟业绩。再比如湖南、贵州地区少数民族的吊脚楼，作为景点被移造到其他地区后，游客通常很难理解为什么费那么大工夫建造似乎没有什么用途、还要不停爬上爬下的小竹楼。这也是许多仿造旅游景点共同面临的问题：仿真、逼真，甚至以假乱真，但由于缺乏区域环境的烘托气氛，使游客难以感同身受。因此，旅游资源的开发利用应遵循属地原则，即在旅游资源地进行开发，而不是把资源迁移到其他地方，制造“人造景点”，为开发利用而开发利用。事实上，大量的旅游资源也是根本不存在迁移可能性的。

（4）旅游资源具有永续利用性。旅游产业之所以被称为无烟产业、绿色产业、朝阳产业，就是因为旅游资源一般都具有永续利用性。对于大部分的旅游资源，在旅游过程中，旅游者一般不能将其像食物一样地消耗掉。如自然山水风光、城镇风貌、名胜古迹、园林建筑等所形成的旅游资源，只是供旅游者参观游览，旅游者能带走的也只是对它们的各种印象和美感，但绝无可能把这些旅游资源也带走。再如黄山风景区的招牌——迎客松，尽管每年都有百万计的游客观赏、与之合影，但迎客松依然时时在迎客。由于这些资源不是实物消费形式的资源，因此，它们可以长期地为人们所利用。当然，也有少量的资源，如食品类的、消耗性的，在旅游活动中会被旅游者消耗掉，这在农家旅游中体现得较为明显，这些消耗性资源需要进行自然繁殖、人工饲养、栽培和再生产来补充。但是需要指出的是，长期使用也是相对的，在旅游过程中这类资源也会出现退化，甚至消失，因此即使是长期使用资源也必须进行可持续开发，如黄山风景区对各景点进行轮休，即每一个景点在接待游客几年后就封闭一段时间，使该景点内的自然植被、生态环境能够得以恢复。所以在开发利用中，需要重视通过各种保护措施，一方面减少其自然的、人为的破坏，另一方面进行生态恢复与环境保护等，延长资源的使用期限。

（5）旅游资源一般都具有一定的文化属性。大多数旅游资源都具有一定的文化内涵或文化属性特征，蕴藏着一定的科学性和自然的或社会的哲理。从这一层面上，旅游活动不能仅仅停留在休闲、猎奇的水平上，更应该将其视为一种文化交流活动，通过观光、游览、参与和体验，在得到各种美的享受之外，还能丰富阅历、增长见识。例如，各种绚丽景色、博物馆、遗址遗迹、经典建筑，除了增加人们的历史文化知识外，还能激发人们探索自然奥秘的激情、激发人们的思维。所以通过旅游活动、通过欣赏美景，常常使一些思想者、文学家、艺术家、科学家产生一些思想火花，甚至创造出历史。如唐代伟大的浪漫主义诗人李白，每到一处名山大川，都会因景而发，留下脍炙人口的景点诗篇。旅游资源的文化内涵虽是吸引游人的一个重要方面，但要获得这种文化享受，往往需要旅游者拥有较高的文化修养与精神境界。当然，旅游活动真正的内涵，实际上正是通过对景点的某些文化内涵的欣赏与领悟，找到旅游者与景点之间在心灵上的谋和点，是进行旅游增值开发的关键，也是旅游产业与旅游资源长期、永续可持续发展的关键。因此，旅游开发不仅应深入研究旅游资源的文化内涵，而且更应采取一定的措施，使蕴涵于景观的文化内涵充分地展现给旅游者，使其由单纯的表面旅游演化为内涵旅游，从而增加旅游资源的吸引力。

6. 旅游资源分哪些种类?

由于旅游资源涵盖的内容极端丰富，因此对旅游资源进行分类是非常必要的。所谓分类，就是根据地域、形式、内涵等特征，按照一定的目的、需要，将旅游资源进行科学归类。按照传统的旅游资源观分类，一般可分为自然景观资源、人文景观资源、风俗风情资源、传统饮食资源、文化资源、工艺品资源以及都市和田园风光资源等；按照现代旅游产业资源观分类，则可分为观光型、度假型、生态型、特种旅游和专项旅游等；按照旅游资源的成因或其属性分类，则可划分为自然资源和人文资源两大类型，自然资源是指由地形地貌、气候、环境、动植物等自然因素构成的、能够吸引人们前往进行旅游活动的天然景观，具有天赋性；而后者的内容则非常广泛，类型也多种多样，包括历史古迹、伟大建筑、民风民俗等，这类旅游资源是人类活动的艺术结晶和文化成就。

7. 什么是农家生态旅游资源?

农家生态旅游资源是旅游资源的一种，是以传统农村居家生活、食品、农事活动等为卖点，以充斥在现代化之中、远离大自然生活的城市居民为对象的旅游资源形式。与一般的自然、人文旅游资源不同，农家生态旅游资源以传统的农家生活为背景，表现的是一种人与自然和谐相处的生活；因交通等方面存在一定的不便，地方风情、民族特色等保留得比较完整，与其他的旅游资源相比别具一格；农家地区传统上具有的“好客”的习惯，这对于竞争激烈、人情淡漠的城市居民具有一种久违的亲切感。由于这些原因，使得农家地区居民习以为常的生活对于城市居民产生了一定的吸引力，成为蜗居城市、苦苦谋生的城市辛苦阶层心中的一种理想，从而具有进行旅游开发的潜力。因此，以“农家家庭接待旅游”、到农家“做客旅游”、与主人共同进行农事劳动等体验原汁原味、回归自然的农家生活的旅游活动成为旅游产业的又一新兴项目，相应的，一些农村的风俗习惯、农事活动、蔬菜瓜果等都成为富有吸引力的旅游资源。

8. 如何构建农家生态旅游资源？

生态环境是农家生态旅游资源的主体，在旅游资源的构建中，建设良好的生态环境是前提。因此，对农家生态旅游资源构建的重要方面是对农业生态环境的构建，在此前提下，再对资源的其他成分进行构建。

(1) 田园景观。田园旅游资源是生态农业旅游资源的特色之一。农田和土地都属于景观，属于一种只有在乡村才具有的景观。在生态农业旅游发展的今天，在进行农田水利建设的同时，要考虑如何使农田更加符合旅游对景观的要求，使得农田不仅具有高的生产力，而且具有景观价值。可以从以下两个方面对农田景观进行建设：

①农田规格和布局。在满足生产要求的前提下，对农田面积大小和形状进行规划，产生具有大景观和层次感，满足平面广度和层次丰富的要求，形成合理的空间变化。

②农作物品种和种植方式。不同的种植方式可以表现出不同的景观效应。比如，点（单株种植）、线（行状种植）、面（片状种植）等，具有很强的表现力，甚至可以种植（构造）出不同图案，产生丰富的景观效果。在作物品种选择方面，可以结合生产需要，选择在不同季节开花结果的作物，使得四季有花景，月月有新色。田园风光中的森林、草地、溪流等更是景色中的重要成分，它烘托着田园，体现出大自然的鬼斧神工。

(2) 生产活动。生产活动本身就是一种文化和技术的结合，具有学习和了解的价值。从旅游的角度出发，传统生产方式是重要的旅游资源，对于现代人，特别是对于来自城镇的居民，它不仅可以演示我国农业生产的历史和文化，同时也讲述农业生产的进步。

（3）农产品。农产品不仅是重要的生活资料，通过有目的的生产，农产品也可以成为重要的旅游资源。针对已成为时尚的“生态产品”、“绿色产品”，在构建生态农业旅游资源时，应该充分利用传统生产方式、传统作物和畜禽品种，用“土”法生产出传统的农产品，这种“土”产品将会是很有吸引力和有价值的旅游资源。

（4）生活居住环境。农村的居住环境与城市居住环境截然不同。乡村的幽静、自然与城市的喧哗和污染形成强烈反差。现代城市面临的环境问题，是生态农业旅游迅速发展的重要原因。农村的居住环境有三个尺度范围：①自然环境。大尺度范围的环境，人们常说的生态环境就是这种大尺度的生态环境，乡村在环境方面有着得天独厚的优势。因此，要充分利用和发展，使之成为旅游资源。②居住区“四旁”。这是指乡村住宅旁边的环境。在乡村的民居四旁传统上都进行绿化，有着较好的环境。③住宅和室内环境。乡民居都保留着传统的建筑风格，这些传统建筑具有浓郁的地方特色，反映出不同地域的文化和历史，具有很高的艺术和欣赏价值。

（5）乡土文化。乡土文化在我国的文化中扮演着重要角色，更是文学、戏曲、各种文艺形式创作的重要源泉。地方戏、民歌、诗歌、故事、饮食、服装、民风民俗和历史遗迹等各式各样的乡土文化是乡村旅游资源中最具吸引力的部分。

9. 农家生态旅游资源包括哪些?

农家生态旅游资源是指能吸引旅游者前来进行旅游活动，为旅游业所利用，并能产生经济、社会、生态等综合效益的乡村景观客体。从地域范围看，农家生态旅游资源应该是位于乡村范围内的旅游资源；从内容看，农家生态旅游资源丰富多彩，既包括了地文景观类、水域风光类、生物景观类等自然旅游资源，也包括了古迹和建筑类、休闲求知健身类及购物类等人文旅游资源，也就是说包括了乡村范围内的所有旅游资源。

10. 农家生态旅游资源有哪些特点？

农家生态旅游资源的主要特点是：人与自然的和谐性、广泛性、多样性、地域性、系统性、季节性、民族性、时代性和保护性。

11. 农家生态旅游资源可分为哪些类型？

农家生态旅游资源可以划分为自然资源、经济资源、产品资源和旅游资源四类。自然资源的基本类型分为气候、水、土壤资源、生物资源和农村能源等；经济资源的基本类型分为人口、劳动力与智力资源、农业物质技术装备和农业基础设施等；产品资源的基本类型分为农产品、林产品、牧产品、渔业产品和副业产品等；旅游资源的基本类型分为地文景观类、水域风光类、生物景观类、古迹与建筑类、消遣求知健身类和购物类等。

12. 地理区位对农家生态旅游资源有哪些重要性？

所谓地理区位就是旅游目的地与旅游者之间的相对位置。对于同一个景点，与旅游者之间距离越大，则吸引力就越小。地理区位可以采用所谓加权平均法进行测算，一般考虑资源条件、交通条件、市场规模、气候条件、水源及排水、能源供给、环境保护、劳动力来源、安全环境、扩展余地等因素，以得分多少作为评价旅游景点优劣的依据。其中较重要的包括以下四点：

（1）资源条件。也就是一个景点的具体卖点，是用以吸引游客产生旅游行为的基本条件。农家生态旅游的基本资源就是农家生活、绿色农产品。

（2）经济特征。包括潜在旅游者的收入状况、消费习性以及区域整体经济状况、同业竞争等。旅游者的收入状况与消费习性决定他们是否有能力消费、是否会进行消费、消费的强度如何等问题。区域整体经济状况则决定了人们对旅游活动的期望情况。整体经济状况欣欣向荣，则旅游消费需求旺盛；整体经济状况萎缩，则旅游市场萎缩的速度更快。

（3）交通状况。指旅游景点与潜在旅游群体之间的通达情况。农家生态旅游一般属于短途旅游，只考虑公路交通状况即可。

（4）旅游区的基本社会状况。包括居民对旅游业的态度、社会治安状况、卫生状况、基础建设条件等。在居民普遍反对发展旅游的地区，农家生态旅游是没有发展余地的，良好的社会治安才能使旅游者享受乡村的恬静与安详，蚊虫满天飞、垃圾成山对于一般的游客也不会产生什么吸引力。

13. 开发农家生态旅游资源应遵循什么样的思路？

常规农业以粮棉油生产为核心，而旅游则以休闲、放松为核心，观光、休闲、度假、游乐是农家生态旅游的主题。从组织形式上，应以诚信、环保、质量、友好为根本，以稳定的参与家庭为基础，以政府、协会等民间或非民间的约束力量为监督系统，组成旅游发展共同体，形成对游客的稳定、长期吸引力，在有条件的地方，可以依托有较强经济实力和市场竞争力的高科技农业生产基地，带动和促进生态农业旅游向适度规模化、产业化方向发展。在活动项目上，应依托自然生态环境，适当减少传统常规农业的比重，扩大以花木、果蔬、特种养殖为主的特色农业；充分挖掘农耕文化和乡村民俗风情，提高文化内涵；以市场为导向，注重提高产品的文化性、趣味性、参与性和系列性，大力开发以观光、休闲、度假、游乐为主题的系列生态农业旅游产品，且依托自然、文化旅游资源开发复合型旅游产品。

14. 生态农业旅游资源的开发利用原则是什么?

为实现生态农业旅游的可持续发展目标，在认可旅游开发的效益、特色、市场等原则基础上，应把“保护”作为生态农业旅游资源开发的首要原则。

(1) 开发与保护相结合的原则。生态农业旅游区的建设应力求做到与自然景观相协调，促进生态农业与旅游业协调发展，不得破坏景观和污染环境。应以其自然之美与乡土之奇，充分利用丰富的动植物资源，体现自然与人和谐统一的生态之美，使农业旅游与生态环境相辅相成。

(2) 整体开发原则。生态农业旅游资源既具有形式多样、丰富多彩的特点，又是区域旅游资源的一个组成部分。要把生态农业旅游资源的开发利用纳入区域旅游开发的系统工程中，从区域旅游的角度出发，统筹安排，全面规划，形成统一的区域旅游路线，促进区域经济发展。

(3) 当地居民参与旅游活动的原则。当地居民参与到旅游服务中，可以增强地方特有的文化气氛，提高资源的吸引力。更为重要的是让居民真正从旅游服务中受益，实现旅游增收的功能，并能使自觉保护更有动力。

(4) 资源开发与协调互补原则。生态农业旅游景区建设应以突出独特性、新颖性为原则，避免单调和重复建设，注重景点与周围环境互补结合，形成自然景观与农业旅游景观的和谐统一。

(5) 承载力控制原则。生态农业旅游资源及环境对其旅游开发和利用都有一个承载力的范围，超出这一范围，生态农业旅游资源及环境就会受到破坏。因此，应该把旅游活动强度和游客进入数量控制在资源及环境的“生态承载力”范围内。

（6）原汁原味原则。在旅游开发时，要尽量保持旅游资源的原始性和真实性，不仅表现大自然的原生韵味，而且保护当地特有的传统文化，避免因开发造成文化污染，避免把城市现代化建筑移植到旅游区。

（7）环境教育原则。生态农业旅游与传统大众旅游最大区别之一是对游客的环境教育功能。旅游开发时，必须认真考虑在旅游区设计一些能启迪游客环保意识的设施和旅游项目。

（8）依法开发的原则。旅游开发必须遵循相应的保护法规。

（9）资源和知识有价原则。只有充分认识“资源有价”，开发者、管理者、旅游者才会自觉地去保护旅游资源。只有让资源占旅游开发效益的一部分，这种保护才有经济支撑。“资源有价”能减少传统大众旅游的粗放性开发，避免开发中的破坏，同时还能避免管理低水平所带来的破坏。

（10）清洁生产，节约资源原则。清洁生产就是要在生产过程中，精心设计，使一个生产流程中的“废物”变成另一个生产过程的生产原料，以达到最大限度地限制生产向环境中排放废物，将其不利影响控制在环境承载力范围之内。节约资源，即开发中以“消耗最小”为准则，具体是一要节约自然资源；二要适度消费，提倡用诸如太阳能、风能、潮汐能等可再生资源，倡导建筑时尽量使用砖瓦、石头、沙子等不会造成污染的建筑材料。

（11）资金回投原则。为了使保护资源环境落到实处，旅游所得的经济收入要回投到环境中，用于保护和修复因旅游造成的对环境的不利影响，保证其具有可持续利用的潜力。

（12）技术培训原则。保护要落到实处，旅游从业人员的保护意识、保护素质是保证。没有保护意识和保护知识的人是难以胜任保护性的生态农业旅游服务的。

(13) 保护游客的原则。游客作为消费者，其合法权益应该得到保护。为此，在旅游开发的市场营销上，一定要坚持对游客负责任的态度，为游客提供真实信息，以保证游客的合法旅游消费利益。

此外，在生态农业旅游资源开发利用中，还应注意其他一些原则，如突出农业地域特色原则、兼顾观光与参与并重原则、增加农业科学内涵原则、地域综合开发原则、可持续开发原则等。

15. 农家生态旅游资源保护性开发规划分哪些步骤？

农家生态旅游资源保护性开发规划分下列步骤：

(1) 旅游市场分析。根据欲开发的旅游资源类型及旅游者的需求进行调查，对旅游市场作出分析，作为开发目标确定的依据。

(2) 确定开发目标和保护对象。对生态农业旅游资源的开发，首先应确定开发目标，即开发什么的问题。在确定这一目标时，还有一个限制因素，即保护。

(3) 自然生态环境的调查评价。确定旅游开发目标后，应调查其自然生态环境的本底情况，包括自然概况、珍稀濒危保护动植物生活习性等，以确定需要特殊保护的区域，为旅游开发保护奠定科学基础。同时，调查结果也为生态农业旅游增加科学内涵，为开展科考或科普旅游奠定基础。

(4) 确定旅游承载量。根据旅游开发目标和旅游资源环境的特征，旅游者对旅游资源利用类型的特点确定生态农业旅游资源及环境的旅游承载量，以确定旅游开发规模。

(5) 旅游设施的设计。为满足旅游者吃、住、游、娱、行、购及保护环境的需求，旅游开发地应设计下述三类设施：一是基础设施，如交通、通讯、水电等；二是旅游接待设施，如食宿点、游览点、购物商场等；三是保护环境设施，如博物馆、垃圾处理站等。

（6）社区参与设计。在开发项目中，考虑社区的利益，尽量设计让社区居民参与进入的方案，进而对旅游接待管理人员进行分层次的培训，使社区居民真正从旅游开发中获得利益。

（7）形成规划方案。根据上述种种设计形成总体的开发规划草案，再经过进一步的筛选、修改，形成最后方案。方案中不仅有空间上各类设施的布局，从时间纵向上还有分阶段开发的具体安排。

（8）环境影响评价。分析旅游开发规划将会给开发地带来的正负影响，为规划方案的优化提供生态学依据，这一点在传统旅游中是没有的。

（9）执行规划。根据优化后的规划进入建设实施阶段，包括硬件设施的建设和软件（人才队伍）的培训。

（10）环境监测。在旅游区建成并运行期间，进行定位或半定位的环境监测，包括旅游区建成对自然生态环境、社会及经济环境的正负影响。

（11）优化规划设计。从监测反馈的信息，为旅游区的规划设计提供优化依据，同时也为保护提供科学依据，使旅游区日趋完善。

16. 农家生态旅游资源保护性开发的新目标是什么？

农家生态旅游资源保护性开发的新目标是：旅游业的可持续发展。其内涵有三个要点：

（1）限制性条件。即开发的限制性前提是保护生态农业旅游资源及其环境。为了保护，开发应在资源及环境的可承载范围内，在强度上的控制性开发，在方式上的选择性开发。

（2）最大效益。即生态农业旅游资源开发的近期目标是获得最大效益，这一效益不是三大效益中的某一效益最大，而是三大效益协调发展而呈现的综合效益最大。

（3）可持续效益。即生态农业旅游资源开发的远期目标是获得可持续的最大效益。这一可持续效益是建立在经济可持续、社会可持续、环境可持续基础上的整体三大效益的可持续。同时，这一可持续也不是为了保护而降低整体效益，追求的既是可持续，又是整体最佳效益。

17. 农家生态旅游资源保护性开发有哪些新观点？

（1）系统的观点。生态农业旅游资源保护性开发是一个复杂系统，是投影叠加在自然生态、社会、经济三大系统交汇区之上的，生态农业旅游系统对三大基础系统有依赖关系，相互间联系紧密。因此，生态农业旅游资源开发必须全面考虑三大基础系统中各个要素，如保护，不仅要保护生态环境，还应保护社会环境及经济利益。

（2）保护的观点。生态农业旅游资源开发的保护有着丰富的内涵，至少应该包括：

①保护对象体系。要实现一个区域生态农业旅游业可持续发展，保护的对象不仅仅是资源环境，还应包括社会文化及相应的经济利益，三大方面的保护都对旅游业可持续发展有特殊功能，资源环境及社会文化是旅游业可持续发展的资源基础，其中，资源环境是资源的物质载体，社会文化是资源的精神内涵，而经济利益则是保护的动力。

②保护动力。保护动力往往与保护者的切身利益紧密联系，保护者的切身利益就是其自觉保护行为的动机，要让保护者明白保护能够给予他们所需的利益。

18. 农家生态旅游资源保护性开发有哪些新模式？

农家生态旅游资源保护性开发的新模式主要有：“护源”开发导向模式和“三Z”开发投入模式。

（1）“护源”开发导向模式。其开发导向是对资源和客源的“护源”。

（2）“三Z”开发投入模式。欲使旅游业可持续发展，其开发的投入不应该只考虑单一的资金投入，资源及知识的投入也要一并考虑，形成生态农业旅游特有的资源—知识—资金“三Z”开发投入模式。这一模式可从以下几方面来理解：

第一，承认资源有价。让资源在旅游业经济效益中占一定股份，使人们在认识上珍惜和保护资源及环境，实践上回投资金用于维持和保护资源及环境。

第二，充分认识知识对旅游开发的价值。知识有价体现在旅游资源开发设计中的特色挖掘，主题创意和宣传促销上。在资源导向型旅游地，旅游资源开发后的增值效应正是旅游开发中知识有价的体现；在客源导向型旅游地，出奇制胜创意建成的主题公园火爆的经济效益就是知识有价的体现。

第三，资金投入。在三大投入中，资源和知识投入是发展旅游业的前提因素，资金投入是保证因素。

19. 农家生态旅游资源保护性开发的新认识是什么？

农家生态旅游资源保护性开发的新认识是：旅游资源开发是不断的循环开发过程。为解决旅游业中的资源保护及环境问题，首先要把旅游开发过程广义化，即旅游开发包括旅游规划、建设、经营管理和监测四个环节，这四个环节位于同一系统中，紧密联系，循环运行。

20. 农家生态旅游资源的评价有哪些形式？

（1）以需求评价；

（2）以自然条件评价；

（3）以财富的转移评价；

（4）以资本资产评价乡村资源。

21. 什么是农家生态旅游商品?

农家生态旅游商品有广义和狭义之分。广义的生态旅游商品也称生态旅游产品，是指旅游经营者为了满足游客在生态旅游活动中的各种需要，面向生态旅游市场提供的各种物品和服务的总和，它由生态旅游资源、旅游设施、服务和商品等多种要素构成。狭义的生态旅游商品，专指游客在生态旅游过程中所购买的实物商品，这些商品一般具有纪念、欣赏、保值、馈赠意义或实用价值。

22. 农家生态旅游商品有哪些类型?

农家生态旅游商品名目繁多，一般将其归纳为实用品、工艺品、艺术品和纪念品。

（1）实用品。包括：

①农副土特产品。粮食、水果、蔬菜、茶叶、野生菌类、中药材、保健药品、各种农副产品的加工品等；

②旅游食品。旅游食品是符合环保意识的各类风味食品；

③旅游用品。主要是指旅行途中的日用品，包括盥洗用具、旅游箱包、旅游鞋帽、地图指南、防寒防暑用品、美容化妆品及常备急救药品等；

④旅游文化宣传用品。导游图、旅游指南、宣传册、光碟等。

（2）工艺品。包括：

① 石玉类。宝石、玉石、大理石制作物等；

② 木质类。木雕、竹雕、竹藤制品等；

③ 纺织品。蜡染、民族服饰、各种绣品等；

④ 陶瓷类。陶瓷、瓷器、陶瓷雕塑等；

⑤ 金属类。金银器物等。

(3) 艺术品。美术作品、摄影作品等。

(4) 旅游纪念品。旅游纪念品是以旅游区的文化特色或自然风光为题材，利用当地特有的原材料，体现当地传统工艺和风格，富有纪念意义的小型纪念品。

23. 农家生态旅游商品有哪些特点?

农家生态旅游商品的主要特点有：

(1) 地方性。地方性是体现其特色的关键，主要表现在地方性的原材料、地方性的设计、地方性的文化内涵、地方性的艺术风格及地方性的包装。

(2) 环保性。生态农业旅游商品要求在保证特色的前提下，使之无污染无公害，符合环保、卫生的标准，品质更加优良。

(3) 实用性。生态农业旅游商品要做到实用化，能够满足生态旅游者的各种需求。

(4) 方便性。生态农业旅游商品要做到小型化、包装牢固又轻便，以便于携带。

24. 农家生态旅游商品的开发原则是什么?

农家生态旅游商品开发的基本原则包括：

(1) 突出地方风格和民族特色。有特色的生态农业旅游商品才能激发旅游者的购买欲望。在开发中应针对地方特色，对地方文化进行挖掘、提炼，设计出特色商品。“农家乐”型生态农业旅游推出的农家特色菜肴、特色果品、无污染农产品等，对游客很有吸引力。

(2) 不破坏生态环境，强化生态保护意识。在生态农业旅游商品开发时，应充分挖掘地方资源及文化中的生态内涵，使旅游者享受生态产品的同时，受到环境保护的教育。

（3）以市场为导向，开发配套的旅游商品。生态农业旅游商品的开发要顺应市场需求，分层次开发。如旅游工艺品开发，可采用不同价格的原料和工艺，土特产品采用不同档次的包装，使不同层次的旅游者根据自己的经济条件、兴趣爱好，选购自己所需的商品。另外，还可针对地方特色，进行商品的系列配套开发。

（4）统筹安排，合理组织。生态农业旅游商品开发应避免自流、分散、无序的状态，加强统筹安排和组织工作，否则，旅游商品就会逐渐失去地方特色。

（5）提高旅游商品的生产和制作水平。坚决制止粗制滥造，不断提高旅游商品的生产和制作水平，以维护旅游地和旅游商品的形象。

25. 农产品环境污染的主要来源有哪些？

农产品环境污染的主要来源有：

（1）生长环境的污染。

①大气污染。大气污染来源于农作物生长地周围空间，主要是工业生产、能源燃烧、交通运输过程排放的废气污染，以及化肥、农药等其他污染。在城郊，SO_2、HF、Cl_2、O_3 等，以及含有Pb、Cd、As化合物的烟气和粉尘对农作物的生产和产品造成污染。

②土壤污染。土壤污染来源于工业“三废”、城市生活“三废”以及化肥、农药和生物污染等。污染物通过灌溉水进入土壤，也可以因大气污染和空中颗粒物（重金属及致癌物质）沉降地面导致土壤污染。此外，施用含毒的污泥、工业废物、城市垃圾等，都会造成土壤污染。

③废水灌溉及固体废弃物造成的污染。灌溉废水中的挥发酚、氨氮、镉、汞、铅、镍、砷、硼等污染物浓度高，可对农作

物造成危害。固体废弃物中含有大量的有机污染物和重金属污染物，通过土壤、雨水冲淋、大气蒸发对农作物造成危害，同时也会造成土壤和水体污染。

（2）种植过程的污染。种植污染是指在农作物种植过程中，由于生产资料（主要是农药、除草剂、肥料和激素）的使用和生产操作规程执行过程中失误而导致的污染。

（3）产品的采收运输、贮藏保鲜及加工过程的污染。农产品采收后，在运输与贮藏保鲜过程中的腐烂、霉变，一些有毒成分的聚积，保鲜防腐剂和产品深加工过程中的食品添加剂、防腐剂等使用不当，加工设备及环境不卫生，都会造成产品的污染。

26. 什么是无污染食品？

无污染食品是指无有毒、有害物质残留，优质、富含营养的食品。它具有两个明显特征：一是安全，即要求食品少含或不含致畸、致癌、致突变的污染物质，污染物质的最高含量不能超过国家或国际上规定的标准；二是营养，即食品的营养成分要达到一定要求。

27. 无污染食品的种类有哪些？

无污染食品目前主要有三类，即无公害食品、绿色食品和有机食品。无公害食品是普通食品都应达到的一种基本要求，而绿色食品是普通食品向有机食品发展的一种过渡性产品。

28. 新时期，替代传统乡村旅游产品的新形态和新模式主要有哪些？

（1）主题农园与农庄发展模式。形成教育农园、市民农园、租赁农园等多种形态，承载农旅结合的农事参与、自然教育和DIY创意空间等功能。

(2) 传承地方性遗产之乡村主题博物馆发展模式。承载传统产品与传统工艺、传统生活与生方式、非物质文化遗产展演和文化景观重现功能。

(3) 乡村民俗体验与主题文化村落发展模式。承载古村落、新文化村落、新经济村落等不同阶段乡村整体人文生态系统的物化与意化统一的认知和体验功能。

(4) 乡村旅游基地化之乡村俱乐部。不仅是乡村旅游的高级会所和信息中心，而且是乡村旅游的中介机构；不仅向乡村旅游者提供全方位的乡村旅游服务，而且提供一种乡村旅游全过程的服务，旅游者可以在不同地方不同乡村俱乐部享受到一体化服务，并通过订购乡村旅游线路，向自驾车群体旅游提供自助式全程服务。

(5) 现代商务度假与企业庄园模式。承载企业董事会议、商务谈判、员工奖励度假和旅游景观房产等功能。

(6) 农业产业化与产业庄园发展模式。集生产、研发、销售、交流、教育和旅游为一体的现代化农庄，比较成熟的有葡萄酒庄园、香料庄园、草莓庄园和西瓜庄园等。产业庄园既要体现产业化生产特点，又要满足服务性企业的需要。

(7) 区域景观整体与乡村意境梦幻体验。这是区域尺度下通道式动态旅游类型。乡村景观意境可划分为地方文化代表型——乡村文化意境，水体景观主导型——水乡意境，山野乡村主导型——自然意境，林间乡村代表型——林海意境，平原农耕代表型——农田耕作意境，牧区乡村代表型——自在天堂意境，民族村型——异域人文意境，城乡过渡代表型——都市乡村意境8大类型。基于追寻儿时的记忆、寻找传说中的桃花源里避世文化的理想空间、中国诗画文化的灵魂等多种意境追寻，乡村景观意境的感知和体验也成为现代最为时尚和有吸引力的乡村旅游活动和产品形态。

29. 农家生态旅游是否也需要进行规划设计?

答案是肯定的。农家生态旅游的卖点是农家、生态、绿色农产品、新鲜果蔬、乡村的幽静与轻松，其市场对象是临近的城市居民，因此，农家生态旅游的开发首先必须考虑临近城市居民的生活特点、消费习惯等问题，并结合自己的优势、特点，进行规划设计，吸引城市中特定的消费人群。如在美国，当农场的果蔬临近成熟的时候，农场主就在报刊上登广告，招揽游客去农场摘水果度假，城里的人则根据广告上农场地图、农场果蔬类型等，开车前往，享用果蔬、呼吸新鲜空气、聆听鸟儿唱歌，晚上还可以在农舍小住一夜，品尝农庄主人准备的别有格调的晚餐。由于不同人的喜好存在差异、农场的特色也不尽相同，因此长期运行的结果往往形成比较稳定的客源，农场主与游客成了朋友。这也说明，农家旅游的特色非常重要，成功的农家生态旅游开发者是用特色吸引特定的客源，而不是努力满足所有客人的口味、努力把所有的客人都吸引到自己家来。因此，进行特色的设计是非常必要的。

30. 农家生态旅游开发有哪些策略问题?

（1）建立和完善组织机构，实现有效的管理与监控。农家生态旅游涉及面广、内容庞杂，在运行中风险与机遇并存，市场体制是否健全、监控和管理是否到位，成为实现可持续发展的保障。因此，在开发的初期阶段，必须充分发挥政府的功能，由政府主导或辅导、各级旅游管理部门实施监控，从宏观上规划指导，完善和改革旅游管理体制，提供必要的政策、资金、技术支持，营造良好的旅游发展环境。

（2）科学编制发展规划，避免一哄而上。在发展农家生态旅游开发前，应由政府出面，聘请有关专家，对旅游资源、旅游开发条件、项目开发定位、市场容量等进行详细的综合调查和科学分析，根据市场需求状况、当地自然环境特点和社会经济文化发展水平，立足于长远效益，科学地编制总体发展规划，包括功能定位、生态旅游的项目开发、景点和旅游线路设计及布局、配套基础设施建设、经营管理以及生态环境的保护等。特别要从政府层面、从宏观上制定整体发展规划，避免一哄而上，一哄而下，导致大起大落，最终丧失发展机会。

（3）加强资源与生态环境保护。生态农业旅游的发展依托于生态环境，因此，在开发生态农业旅游资源时，必须按照可持续发展总战略的要求，将生态建设和环境保护放在发展生态农业旅游的第一位来策划，谋求经济发展和环境保护协调发展。生态农业旅游开发中应加强以下各方面的工作：

①实施旅游环境监控。其内容包括对旅游环境状况监测、旅游区环境容量控制以及旅游活动对环境影响评价这三方面的工作。根据旅游区环境质量和环境容量制定旅游活动项目、旅游线路，并采取有效措施保证资源和环境可持续发展。

②进行环境治理工程。为了改变目前传统农业旅游所造成的旅游资源耗损与环境恶化，如沟渠污染严重、环境卫生差等状况，应整治脏乱差的环境，对景区内及周边环境污染严重的企业和私人作坊进行整治或强制拆迁，实施环境综合整治工程。

③推广无公害栽培技术。推广无污染或污染小的生态农业技术、病虫综合防治措施和生物防治法；开发使用各种蔬菜、果林、花卉专用配方肥料、大力提倡使用有机农家肥料、有机复合肥料和高效低残留农药及生物农药。

④开展生态恢复和生态治理工作。该工作主要建立多层次的群落结构，实现最大面积的立体复合型结构，形成平衡稳定的农业生态系统。加强绿化工程，对于一些水土易流失的地方，不宜

开垦种植农作物，而应该多种植树木，在坡度大于25°以上的地方，要严格实行退耕还林。在进行生态恢复和生态培育时，要合理选择生物品种和生态系统模式，通过物种的合理搭配使农业生态系统保持稳定，同时体现出设计的艺术性、布局的合理性、色彩的美观协调性，形成有特色的景观格局，从而更有利于发展生态农业旅游。

(4) 完善法规，规范管理。应加强对生态农业旅游的科学管理与法制管理。严格的法规制度可以约束旅游产业不合理的行为，在大力宣传和贯彻执行国家颁布的有关政策与法规的同时，要建立健全环境保护法规、经营管理法规等各项规章制度，完善实施管理细则，明确管理职责和保护的具体要求，形成完整的法律体系。

(5) 多渠道融资，加大开发力度。近几年来，尽管政府、农户和私营企业对生态农业旅游的开发进行了一定的投入，但与生态农业旅游发展资金要求相比，仍显不足。要解决生态农业旅游发展所需资金，需要当地政府、农户和旅游企业解放思想，优化投资环境。政府要在遵循经济规律的基础上，按照"谁投资、谁受益"的原则和坚持多元化投资的原则，建立多渠道的投、融资体系。

31. 平原、城郊地区的农家生态旅游有哪些产品类型？如何进行针对性设计？

针对平原、城郊地区的客源市场特点，依托景观和资源条件，具有比较优势的生态农业旅游产品类型如下：

(1) 观光、休闲型生态农业旅游。以特色蔬菜、花卉果园、垂钓、乡村农舍、特色养殖业基地等自然与人文景观为主要内容。我国百万人口以上的大城市已达近百个，大量城市人口蜗居在城市中，乡村地区的轻松、绿色对城市居民有着强烈的诱惑。

且大城市周边地区一般多为地势平坦的平原、岗地，农业发达，交通便利，将乡村地区的居民生活生产的节律与秩序、房屋建筑、饮食习惯、服饰、礼仪、节庆活动、民风民俗、语言等方面的传统特色糅合到旅游者的旅游活动中，配以土特产饮食、花卉水果、垂钓休闲等活动，会极大地丰富旅游的内容，进一步增强对城市游客的吸引力。在乡村可以建立一些小型、家庭型的民俗馆，进行民族歌舞表演、节庆活动等展示乡村民俗文化的活动。厦门鼓浪屿在这方面的开发非常成功。鼓浪屿号称“琴岛”，钢琴人均拥有量居全国之首，不少家庭收藏有大量具有历史意义与价值的钢琴。因此，鼓浪屿旅游部门充分挖掘这些旅游资源，将家庭钢琴收藏转变为小型家庭钢琴博物馆，既挖掘了旅游资源，又增加了旅游情趣，同时钢琴收藏家庭还获得了一定经济收入，反过来促进其对博物馆的维护与升级，实现了旅游观光与发展共赢。

（2）体验农耕生活型生态农业旅游。我国目前有 6 亿左右的城市居民，这一庞大的城市人口中，绝大部分 40 岁以上的居民是第一代城市化的农民，对农村有着天然的亲切和亲近。因此，体验农耕生活对他们有着较强的吸引力。平原、城郊地区交通便利，适宜于建设“周末农场”，给旅游者提供短暂的农事劳动时间。由于数小时的短暂农事劳动既可以体验农事活动的成就感和亲切感，又不至于过度劳累，对于返城后的工作不会造成不良影响，因此对于出身农民、久已远离农业生产的第一代城市移民及其家庭，具有较强的吸引力。体验农耕生活型生态农业旅游需要与当地的农业生产相结合，开展的项目需要相对简单轻松、内容丰富有趣，且不能影响正常的农业生产。可以参考的项目有：花木栽培、花木修建、除草施肥、捕鱼捞虾、挖地种菜、瓜果蔬菜采摘等，在一些特色农业发达的地区，还可以根据地方特点，展开诸如手工艺制作、插花、盆景等技术性要求较高的项目。

（3）度假型生态农业旅游。目前，我国在逐步推进和完善带薪假期制度，城市工作者的休闲时间有大分散、小集中的趋势。所谓大分散就是长假不再集中于几个法定的“黄金周”，从国家的层面，假期不再极端集中，旅游景点的客流量将趋于平缓，人们在旅游中真正休闲活动的比重将大大提高，旅游质量有望上一个台阶；小集中就是居民将越来越多地自主选择自己中意的时段进行休假，集中享受超长假期。这一休假制度的改变是农家生态旅游发展的重大机遇。由于乡村环境优美、宁静，相对城市人口稀少，极大地增加了人们的活动空间，因此可以建设特色农场、庄园，满足人们的较长时间度假的需求，如家庭庄园、少儿农庄、银发农园等，一方面提供体验性农业劳作项目，另一方面通过完善的旅游服务设施、娱乐设施，供各类旅游者进行乡村度假旅游，与农民共同生活、体验乡村生活的质朴淡雅和耕种收获的喜悦。

（4）游乐型生态农业旅游。游乐型生态农业旅游就是纯粹以观光游览为主题的生态农业旅游，其主题内容则与农业、生态有相当的联系，其形式多表现为形形色色的主题生态农业游乐园，供游客参观、游览与参与。如以农耕文化为主题建设的农业游乐园，可通过布置风车、水磨（石磨）、马（驴）拉磨、手推小车、石臼、织布木机、犁、耙、锄、镐等原始的农业生产工具，并利用图文、声像等现代技术讲解中国古老的农业传统、农业历史、农业文化，开展水磨米面、水车灌溉、石臼舂米、木机织布、陶器制作等参与性质的农业生产体验活动，让游客通过丰富多彩的参与活动感受中国农业文明的发展、了解中国博大精深的农耕文明。

（5）知识技能型生态农业旅游。蜗居在城市中的人们渴望与自然进行交流，因此花卉、盆景、阳台农业等在不少城市居民家中都有体现。但是由于栽培、管理等方面基础知识技能的欠缺，这类活动往往效果不好。游乐型生态农业旅游就是指以先进农业技术、特色农业农艺技术、农耕文化等为主题的生态农业旅游项目，让游客通过在乡村地区休闲、娱乐去感知、体会、实践植物花卉的栽培管理技术、插花技术、手工艺技术等，让更多的人了解、感受这些我国传统的农业手工技术。知识技能型生态农业旅游一般也以参观、参与为主。由于游客的参与实践短暂，因此组织接待方应将相应的农业、手工技术进行充分的浓缩与提炼，力求在最短的时间内将技术要点、难点、意义等介绍出来，并准备最充分的条件，做到使游客能够拿起来就操作、动手就基本能成功。

（6）采摘购物型生态农业旅游。农村农业地区是城市食品的基本供应地，但是农产品在向城市供应的过程中存在周期长、鲜嫩性下降等问题，因此，直接在农产品产地采摘、购买农产品成为很多农家生态旅游的基本卖点，也是一种比较新颖的农产品销售模式。这一销售模式在农产品生产者和消费者两方面都取得了效益最大化。首先，对于城市的旅游者来说，自己直接从农田中收获农产品并消费，是一种明明白白的绿色消费，从心理上获得极大的满足感，因此愿意承担稍微高昂的价格；其次，对于农产品的生产者，既减少了农产品的采摘、运输、保鲜等生产成本，同时还可以获得较高的价格，并通过提供旅游项目获得额外收入。由于新鲜农产品存在时限性等问题，所以生态农业旅游不能完全以采摘作为卖点，还应考虑对绿色农产品进行深加工，展开品尝、直销等旅游项目，如以乡村的农产品资源为基础，将乡野食品与美食文化结合，开发以绿色食品为主，色艳味美、营养丰富的大众食品、野味自然食品和保健食品，开展果品品尝、特色风味小吃品尝、健康保健食品品尝、绿色生态食品品尝、野菜品尝、特种禽畜菜品尝、烧烤美食品尝等美食旅游活动，并提供各种生态农业商品，形成以农产品、绿色食品采购、消费为主题的特色农家旅游。如在法国，很多的农村葡萄园和酿酒作坊，游客不仅可以参观，还可以参与酿造葡萄酒的全过程，在完成酿造后品尝并带走自己酿好的酒，其乐趣当然与在商场购买酒不一样。

日本东京一家旅行社，每年以春天的插秧、秋天的收割为契机，组织都市人去农村体验农民的生活，在沿海地区还组织游客参加捕捞、海带采集及加工等活动，使都市人直接感受大自然。日本岩水县的小井农场自1962年起，结合生产经营项目，先后开辟600余亩观光农园，设置多个专题场馆，其中动物农场，可以观赏到各种家畜在自然怀抱中的憨态，又能增加动物学的知识；牧场馆，每天有定时挤牛奶表演和定时看奶油的加工过程，观赏之余，可以购买到各种包装精美而新鲜的奶制品；农具展览馆，陈设有各式各样新奇古怪的农用机械，有的是现在使用的，有的是已被淘汰的，人们可以借此了解农业发展历史和农机具知识；在农场旁边，是由废机车改装成的列车旅馆，深受怀古思旧者和青年人的欢迎。苏州一旅行社每年春季推出太湖西山采茶一日游，观摩、体验茶叶采摘、炒制，并可以将自己炒制的碧螺春茶带回家慢慢享用。

当然，也可以将以上多种农家生态旅游类型结合起来，综合开发。但综合开发如果规模过大，就有可能失去“农家生态旅游”的特色，因此在进行农家生态旅游开发时，准确、稳定的市场定位非常重要，不能以丢失特色为代价，发展面面俱到的、游乐场类型的生态农业旅游。

32. 开发农家生态旅游有哪些举措?

农家生态旅游是以现有的生态农业资源为基础，通过科学的规划、设计，将其开发为以旅游为主题，集生态农业建设、农产品生产与旅游参观、农事劳作、农家体验等为一体的旅游活动。开发农家生态旅游的主要举措如下：

(1) “政府组织、农户参与”是农家生态旅游发展的基本策略。在不同时期，政府的作用有很大不同。在农家生态旅游发展初期，政府应起到主导作用，通过提供资金、政策等多方面的支持，如减免税费、提供小额资金支持、利用优惠政策引导农民开发生态农业旅游产品等，全方位引导农户参与创业，促进其发展。在农户已经产生参与自主性、积极性，旅游产业已形成的时候，政府应适时的从参与者转变为管理者，管理、约束农户合法经营，保障旅游者权益，实现旅游产业的可持续发展。

（2）针对不同的资源特色，合理规划，有重点地开发特色鲜明、条件优越、市场前景好的资源，吸引特定的旅游人群。

（3）尊重时代潮流变化，提高旅游品质，实现经营规模化、产品特色化。随着时代的变化，人们的旅游兴趣点也在不停的变化，因此应针对游客需求的变化，将目前小规模的单家独户低档次经营的“农家乐”逐渐转变为有规模、有质量的生态农业旅游产业。在农事旅游、农产品旅游等项目上，可以考虑因地制宜将不同地域具有不同景观特色的作物连成片或穿插种植，形成丰富多彩且各具特色的景观图案，构建类似“麦田怪圈”之类景观，以提高农家旅游地趣味性，丰富旅游情趣。

（4）田园风光、清新空气、乡风民俗是农家旅游的基本卖点，也是对游客最具吸引力的资源，因此，保护农业生态环境是维持农家生态旅游的基石。

（5）拓展旅游商品，发掘文化内涵。单纯的观光方式无法满足市民对更高层次具有文化品位的需求，因此，只有在内容、形式上充分体现出与城市生活的不同，并将之融合于优美和谐、平衡发展的生态环境中，才能最大限度地激发旅游者的需求动机。

33. 为什么说完善基础设施和旅游服务设施，提高从业人员素质和服务水平是农家生态旅游发展壮大的根本？

农家的家庭成员一般是农家生态旅游从业人员的主力。由于缺乏正规的训练，可能与旅游者之间存在沟通困难，甚至产生隔阂、矛盾，这将直接影响到旅游者对旅游项目的评价，并通过旅游者之间的交流，最终对旅游目的地产生不良评价，严重情况下甚至会导致农家旅游产业的开发陷入停止、萎缩状态。因此，从业人员的基本素质与服务水平对于农家生态旅游具有至关重要的作用。所以，在发展农家生态旅游过程中，必须由政府作为监督者、管理者，从长远角度考虑，有计划、有重点地培养旅游从业人员的业务素质与服务水平，提高广大农民的文化素质，增强农民的文明意识和开放意识，培养文明的生活方式、行为方式，促进乡村精神文明的建设，营造文明、和谐、有序的旅游环境。

六、农家生态旅游规划与设计

1. 农家生态旅游规划与设计的基础理论包括哪些方面？

对农家生态旅游规划与设计具有指导意义的理论有很多，如景观生态学理论、生态美学理论、旅游地生命周期理论、旅游心理学理论、生态旅游责任性理论、农业可持续发展理论等。

2. 什么是景观生态学理论？

一般认为，景观在自然等级系统中比生态系统高一层次，是指在一个相当大的区域内由许多不同的生态系统所组成的整体，景观生态学（Landscape Ecology）则是研究这个由许多不同生态系统所组成的整体即景观的空间结构、相互作用、协调功能及动态变化的一门生态学新分支。景观生态学兴起于 20 世纪 60 年代的欧洲，早期欧洲传统的景观生态学主要是区域地理学和植物科学的综合。直到 80 年代景观生态学才在北美受到重视，并迅速发展成为一门很有生气的学科。景观生态学以整个景观为研究对象，强调空间异质性的维持与发展，生态系统之间的相互作用，大区域生物种群的保护与管理，环境资源的经营管理，以及人类对景观及其组分的影响，土地利用规划和决策一直是景观生态学的重要研究内容。景观生态学给生态学带来了新的思想和新的研究方法，成为当今北美生态学的前沿学科之一。

景观结构是景观的组分和要素在空间上的排列和组合形式，

景观生态学用斑块（patch）、廊道（corridor）、基质（matrix）这些基本模式来对其描述。斑块是内部具有相对匀质性，外部具有相对异质性的景观要素，是景观尺度上最小的均质单元，它的大小、数量、形态和起源等对景观多样性有重要意义；廊道是指与两侧景观要素显著不同的线状或带状的景观要素，是联系斑块的纽带，不同景观有不同类型的廊道；基质是景观中面积较大、连续性高的部分，往往形成景观的背景。

3. 农村生态旅游景观的基本构成要素是什么？要素之间有什么相互关系？

农村生态旅游景观是由形状、功能存在差异且相互作用的斑块、廊道和基质等景观要素构成的具有高度空间异质性的区域。不同功能的旅游斑块既满足了游客休闲、饮食、住宿、观赏、求知等需求，而且不同质量和面积的斑块也影响了物种的灭绝速率和迁移速率，进而会影响旅游地景观中的生物多样性。廊道的建设可以增加斑块间的连通性，方便游客游览，也会成为斑块间物种迁移的屏障，所以廊道的科学设置是体现农村生态旅游区自然绿化意境，增加视觉丰度，方便游客游览，保护生物多样性的关键。基质是指斑块镶嵌内的背景生态系统或土地利用类型，在旅游区中一般指旅游地地理环境类型及人文社会特征，对基质的研究有利于认清旅游区的环境背景和分析确定旅游区的整体生态特征，是生态旅游形象设计以及功能斑块划分的基础。

4. 什么叫农家生态旅游的景观异质性？

景观异质性是指在景观中对各类景观单元的变化起决定作用的各种性状的变异程度，即景观组分类型、组合及属性的变异程度。对于旅游而言，景观异质性的增强意味着景观稳定性的加强和多样性的增加、景观吸引力的提高、景观美学质量的改善和生态环境的改善。

由上可知，景观生态学理论是农村生态旅游景区规划设计、管理、保护、发展和改进的理论基础之一，在掌握地貌、植被、水文等特征的基础上利用景观结构的相互作用原理进行旅游区的规划设计，可以使各区的功能既相对独立，又能有机地联系在一起。农村生态旅游的开发规划应以广阔的田野为景观基质，各组团（村庄、村舍及相关建筑）为景观斑块，乡村之路为景观廊道，同时，景观生态学理论还可以作为乡村旅游进行功能分区和项目策划的依据之一。

5. 生态美学有哪些特点？

（1）活力性。整个自然生态系统遵循着物质循环和能量流动的规律，使地球上的生命之树常青，洋溢着盎然生机，显示出了生命的活力之美。

（2）和谐美。生态美的和谐是指生命之间、生命与环境之间相互支持、互惠共生地维系着整个自然生态系统的协调发展，充满着和谐之美。

（3）创造美。生态美是生命与环境在共同进化中创造出来的，动植物和微生物与环境在共同进化中创造出了自然生态美，而人与自然共同创造出了人文生态美，需要强调的是，当人的创造力违背自然界的规律时就变成了破坏；当人的创造力与自然的创造力形成合力时，就创造出具有自然生态美的人文生态美。

（4）参与性。与艺术美使审美者与审美对象保持距离不同，生态美是使审美者融入审美对象中，体现出了生态美的参与性特征。如当人们泛舟湖中，在欣赏周围美景的过程中，人也是美景的一个组成部分。

6. 生态美理论对于农家生态旅游有何指导意义？

由生态美的特点和实质可知，生态美是人与自然界关系和谐的体现，它存在于环境的整体感受里，旅游者感知的不仅仅是外在的颜色、形态等直观形式，还切身融入到了自然环境之中，深刻体会了包含着与生命存在密切相关的生态规律和道德规范的内容，感悟到了真、善、美的有机统一。

生态美为农村生态旅游生态环境的建设提供了直观的尺度和导向，生态美的开发对提高乡村人的生活质量，推进生活方式向文明健康科学的方向发展提供了途径，对传播生态文明、促进生态文明建设提供了生动的手段和形式，生态美的环境有助于促进人的生态价值观、强化人的生态伦理观，提高人们保护自然环境的生态自觉性。在旅游区的规划中，生物景观要尽可能保持其原始风貌，尽可能减少人工修饰成分，让旅游者充分享受原生态美；同时，加强旅游者的环保意识，制定相应的规章制度，尽量减少游客对自然环境的不利影响。

7. 什么是旅游地生命周期理论？

如果弄清了影响旅游度假地寿命长短的因素并做出明智决策，就可以达到长期经营的目的，因而产生了旅游地生命周期理论。目前，学者们公认并广泛应用的是由加拿大学者巴特勒（Butler）提出的旅游地生命周期理论，巴特勒综合了其他学者的相关研究成果，在 1980 年对旅游地生命周期理论进行了系统阐述。巴特勒认为旅游地的生命周期是一个循环变化的过程，一个地方的旅游开发不可能永远处于同一个水平，而是随着时间变化不断演变，游客数量也是时而上升、时而下降。他用一条近 S 形的曲线来说明一个旅游地的不同发展阶段的发展状况，将旅游地的演化发展分为：探索阶段、参与阶段、发展阶段、巩固阶段、停滞阶段、复苏（或衰弱）阶段六个不同时期。

此外，针对旅游地生命周期的衰落（复苏）阶段，不同的学者结合各自研究实际，对巴特勒模型提出了修正，指出了在衰落或复苏阶段有可能发生的五种情况，从而使之更具有可操作性。A曲线：深度开发卓有成效，可促使游客增加和市场扩大；B曲线：较小规模的改造和调整，持续对资源吸引力的保护，游客量可以较小幅度地增长；C曲线：调整满足各种容量水平，可遏制游客量下滑的趋势，使之保持在一个稳定的水平；D曲线：过度利用资源会降低竞争能力，从而导致游客量显著下降；E曲线：战争、瘟疫或其他灾难事件的发生会导致游客量急剧下降，这时要想游客量再恢复到原有水平极其困难，如果衰退时间持续太久，旅游地在难题解决之后对多数旅游者都不会再有吸引力（图6-1）。

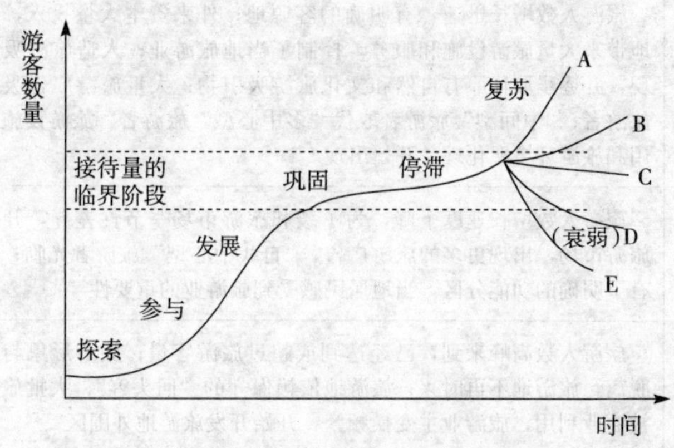

图6-1 旅游地生命周期曲线模型（Butler，1980）

8. 旅游地生命周期演化各发展阶段的特征是什么？

虽然应用巴特勒的生命周期阶段模型理论可以对一个旅游地

的宏观发展过程进行总体把握和分析，但是对于旅游地各个发展阶段的游客类型、游客人数、旅游产品等社会和经济指标却缺少相应的分析和描述，而阿伦特（Arendt）和盖茨（Getz）等学者则在此方面进行了进一步的深入研究，给出了旅游地生命周期各个阶段的特征，详见表6-1。

表6-1 旅游地生命周期各个阶段特征

（张善峰等，2008）

周期阶段	旅游地特征
探索阶段	旅游地发展初始阶段，自然和文化吸引物招徕少量“多中心型”旅游者，或称之为探险者，此时旅游地很少有专门旅游服务设施
参与阶段	旅游人数增多，当地居民为旅游者提供简便旅游服务，制作广告宣传旅游地；旅游市场季节性、地区性出现，旅游业投资主要来自本地区，公共投资开始注意旅游基础设施建设
发展阶段	旅游人数增长迅速，有明确的客源地；外来资本大量投入，给旅游地带来大量旅游设施和服务，控制了当地旅游业；人造旅游吸引物出现，并逐步取代原有自然和文化旅游吸引物；大量旅游广告吸引更多旅游者；“中间型”旅游者取代“多中心型”旅游者，旅游设施过度利用和旅游环境恶化现象开始出现
巩固阶段	旅游人数增长速度下降，为了缓和旅游市场季节性差异，开拓新的旅游市场，出现更多的旅游广告，“自我中心型”旅游者光临；旅游地有了明确的功能分区，当地居民感受到旅游业的重要性
停滞阶段	旅游人数高峰来到，已经达到或超过旅游容量；旅游形象与环境相脱离，旅游地不再时兴；旅游地依赖保守的“回头客”；大批旅游设施被商业利用，旅游业主变换频繁，开始开发旅游地外围区
衰落阶段	旅游者流失，旅游地依赖邻近地区的一日游和周末旅游的旅游者来支撑；旅游地财产变更频繁，旅游设施被移作他用；地方投资重新取代外来投资占主要地位
复苏阶段	完全新的旅游吸引物取代原有旅游吸引物，开发新旅游资源

9. 旅游心理学主要通过哪些方面来指导农村生态旅游的开发、经营和管理？

旅游心理学也是一门新兴的具有自己独立研究对象的边缘性学科，介于旅游学和心理学之间，具有很强的应用性。旅游心理学主要通过研究旅游者心理与行为、旅游服务心理和旅游企业管理心理3个方面来指导乡村旅游的开发、经营和管理，具体作用如下：

（1）为开发旅游资源提供心理学依据。旅游资源的价值在于满足旅游者的心理需要，旅游资源和旅游者的心理需求完美统一，才能形成优质的旅游产品。因此，在农家生态旅游的资源开发、旅游设施设置、新景区的建设方面都应充分考虑旅游者的心理需要。

（2）为旅游企业制定经营战略提供理论指导。在激烈的旅游市场竞争中，如果一个经营者想要占得先机，就必须了解和掌握旅游者的心理需要和倾向。经营者可以通过问卷调查、访谈等调研方式了解广大旅游者的需求和兴趣，分析旅游者的心理规律以及旅游需要的发展变化趋势，进而进行科学的预测和决策。农村生态旅游区的经营者或者管理者只有根据旅游者的心理特点和变化趋势来制定经营策略，调整经营方针，改进经营方式，优化经营管理，才能更加吸引广大的旅游者，保持客源不断。

（3）有助于提高旅游区的服务质量、管理水平。提高旅游区的服务质量和管理水平一方面在于了解旅游者的心理特点，最大限度地满足他们的心理需求；另一方面在于旅游从业人员的心理素质和规律，要通过培训等方式优化他们的心理素质。当旅游服务人员掌握一定的旅游心理学知识时，就能针对旅游者不同的心理特点选择恰当的服务方式，从而在与旅游者交流的过程中创造一种和谐的气氛，产生良好的心理效应，使旅游者在接受服务的过程中产生惬意、幸福的感觉，进而促进旅游消费。旅游心理学还能帮助领导者调控自己的心理状态，增强他们的进取心和创新精神，使他们保持乐观而稳定的情绪，从而提高工作和组织能力。

10. 农家生态旅游如何实现可持续发展?

对于农村而言，农家生态旅游的发展必然要实现农业的可持续发展。可持续发展是生态、社会和经济全方位的协调发展，而不是单指其中某一方面，因而，农家生态旅游的发展应使农业在经济、社会、生态三方面实现可持续性。

（1）经济可持续性。经济发展的可持续性体现在经济增长、有效地利用资源和投资，这就要求在农家生态旅游开发时要因地制宜，有针对性地开发旅游项目，有效管理农村资源，进而合理布局农业生产力，优化农业产业结构，结合旅游业的开发，积极开展多种产业经营，向农业生产的广度、深度进军，从而实现农业经济的持续、稳定、协调发展。

（2）社会可持续性。社会可持续性体现在社会公平、社会凝聚力等方面，要控制人口，避免造成农业生产资源的过度开发，使人口与资源相对平衡；要提高农业生产力，增加农民收入，提高农民生活质量，缩小城乡收入差距，保持社会安定，所以农家生态旅游的发展要提高人们对其生活的控制能力，这一能力的提高要与人们的文化和价值观相协调，并能维护和增强社区的个性。

（3）生态可持续性。生态可持续性是指生态系统完整、保护环境承载力和自然资源，这就要求要保持良好的大气环境，节约用水并减少水污染，维护耕地资源总量，维护土地自然力，保持土壤肥力稳定，依照生态经济规律合理利用和有效保护生物资源，使生物资源不断地更新，维护农业可持续发展的资源基础，所以乡村旅游的发展要与基本生态进程、生物多样性和生态资源的维护协调一致。

11. 农家生态旅游规划设计遵循的基本原则是什么？

农家生态旅游的规划设计属于生态工程范畴，需要遵循生态性、自然性、乡土性等原则。

12. 农家生态旅游规划设计中的生态性原则指什么？

生态性原则主要指两个方面：一方面是生态平衡，即在规划设计中，运用生态学的相关原理对旅游环境诸方面的生态平衡和协调发展予以保护，以最小的环境退化获得最大的利用程度。另一方面是生态美学，即从审美角度体现出生命、和谐和健康的特征。

生命力主要体现在规划设计的旅游区应具有良好的生态循环再生能力，即农家生态旅游所依附的农业系统中物质是可循环利用的，如种植业的产品可作为动物的饲料，而动物的粪便以及植物的残枝落叶可进行沼气发酵，为农村居民生活提供能源，此外，动物粪便经过发酵加工处理可作为有机肥。生产中废弃物的再生利用不仅节省了生产成本，增加了生态系统的产出，还解决了废弃物的污染问题，因而增加了生态系统中物质和能量的利用效率。规划设计时还可以增加食物链的环，进一步加强对物质的循环利用和废弃物的再生利用，进一步提高生态系统中物质和能量的利用效率。农家生态旅游所依附的农业系统一般有种植业、畜牧业、林业、水产业等自然和人工的不同的子系统组成，各子系统相互依存。和谐性即要求农家生态旅游的规划设计要从生态系统的整体角度入手，不能只考虑某一个子系统或系统内某一组分，应遵循整体和谐的原则进行合理规划与设计，使人工系统与自然系统互惠共生，使各个子系统协调发展，形成一种和谐美。健康是指在争取人工与自然和谐时以保护生态环境为优先，首先考虑对当地资源与环境的保护，保证开发区的生态安全，使农家生态旅游的开发过程和结果无污染、无危害，使人的生理、心理得到满足。

13. 什么是农家生态旅游规划设计中的乡土性原则?

乡土性原则是指农家生态旅游的规划设计应体现农村原本的景观和文化特色，要展示出当地的农耕文化和民俗文化；旅游活动的设置要体现野趣天成、返璞归真；景观设计如植物配置上要注重适地适树，强调多样性和稳定性。

14. 生态旅游规划程序主要包括哪些?

根据生态旅游中相关步骤设置的原因以及农家生态旅游的内涵、目的和要求，确定农家生态旅游规划的程序，包括以下几个步骤：

（1）农村生态旅游区现状调查。主要包括对乡村生态旅游区所处的地理位置、自然条件、生态环境现状、社会经济条件、上级相关规划要求、村民意愿等方面的调查。其中，地理位置包括地理区位和旅游发展区位，自然条件包括地形地貌、气候条件、自然资源等，社会经济条件包括村庄人口规模、三产收入情况、村民的素质、城建基础设施与环境基础设施现状、旅游发展现状等。

（2）旅游开发潜力和目标确定。旅游开发潜力分析包括对所开发对象的区位条件、景观特色、生态环境、与周边旅游开发点的关系、旅游开发的软硬件设施等进行分析评价，提出其开发优势与劣势。目标确定即确定农家生态旅游发展的总体方向，在对区域内自然景观、生态环境和开发潜力研究的基础上，从突出生态保护与地方特色，提高竞争力的目的出发，对农家生态旅游开发指明方向。

（3）旅游功能分区。旅游功能分区是在生态安全原则下，根据自然地理条件、土地利用现状及景观生态分布特色，对旅游活动进行空间环境上的分配，从而实现在保护生态系统的前提下适度地开发旅游活动。旅游功能分区主要包括功能区划，各功能区的范围、基本特征、发展方向与要求。

（4）旅游环境容量预测。主要包括对旅游活动开发区域的自然生态环境、社会经济以及气氛容量等的估算。

（5）农家旅游景观生态设计。农家生态旅游景观的生态设计是基于景观生态学原理，根据农村景观资源量与特色进行科学合理规划设计，从而展现旅游区所在的农家生态旅游区和谐、生态的景观特征，通过对景观的合理配置与设计给游客创造回归自然、体验自然的景观环境。它的“生态”主要体现在景观的设计是在尊重原有景观特征上的合理修整与修饰，并强调在景观设计过程中所用物种与相关材料的本土化。

（6）旅游服务设施生态设计。主要包括对旅游接待、交通、解说以及游客的食宿等设施的生态设计。生态化主要指在旅游接待、区内交通、农家服务设施的设计上充分考虑节能、物质循环、生态与环境保护，使得其对周边生态环境的影响最小化。

（7）社区参与。社区参与贯穿于规划的全过程，它主要包括当地居民参与农家生态旅游现状调查，提供相关资料；参与旅游发展潜力的挖掘与目标确定等，使规划能够符合当地情况与居民意志；参与功能分区划分，使分区能够得到当地居民的支持，并为合理分配资源利润奠定基础；参与旅游环境容量的确定，使旅游活动的开展与游客的接待量在当地居民所承受的范围之内；参与景观生态与旅游服务设施的设计，发挥乡村居民的智慧，提高其对生态的认识；参与生态知识与技能培训，从而促进当地社会文化的发展。

（8）规划落实的保障措施。规划落实的保障措施主要包括促进规划目标实现的组织、政策、技术、资金、管理、培训等方面的措施。

（9）规划实施与监督、反馈。规划的实施是对生态旅游区的建设过程，但不是整个规划的终结。通过对规划及旅游活动开展的监督管理，对规划中不足的地方、旅游发展实践中出现的新情况进行反馈，可以不断丰富与完善规划内容，从而形成一个能持续改进的动态规划体系。监督与反馈内容包括生态环境状况、村庄的社会经济发展状况及旅游发展状况等。

15. 农家生态旅游规划程序存在怎样的相互关系？

（1）生态旅游区的过去、现状和未来都与当地社区紧密相关，社区参与不仅是生态旅游得以成功开发的一个重要因素，也是实现社区经济持续发展的保证。作为实施生态旅游开发的主体，社区参与是不可缺少的部分。通过现状调查、目标确定、功能分区、旅游环境容量确定、景观生态设计、旅游服务设施生态设计、保障措施、实施与监督中的社区参与内容的融入，能够充分调动当地村民开展生态旅游的积极性，确保规划的意向能够体现当地特色与当地居民的意志，并能保证当地居民的利益。

（2）功能分区能使生态旅游区得到优化利用，有利于保护自然环境，便于根据游客的需要对其加以分流管理，进而进行旅游活动空间环境上的合理布局，从而避免在生态环境敏感区域盲目开展旅游项目，从根本上保障农村生态系统的稳定性。

（3）旅游环境容量能有效保证旅游活动在当地生态环境、社会经济等因素所能承受范围内开展实施，它是前人在旅游发展所产生的诸多问题中总结得出的利于旅游业可持续发展的保证。对于乡村生态旅游环境容量的确定不仅有利于生态保护，而且能够充分满足游人与当地居民的需求，既能让游人体验到宁静、开阔的乡村气息，实现旅游目的，又能使当地居民在不影响现有生活生产的基础上实现增收。

（4）旅游区的景观生态设计是为了保护和深化当地自然和谐的景观特征，从而使得游客能欣赏到原汁原味的生态景观与风土人情，并增加对自然、生态的认知，从而体现生态旅游的多维价值。

（5）旅游服务设施是向游客提供食、宿、娱的主要场所，同时也是污染增加的主要场所，因此将生态方法融入旅游服务设施中既能实现对当地环境的保护，又能体现生态旅游中生态的内涵与教育价值。

（6）规划实施保障措施能够保证乡村生态旅游的开展符合规划的要求，从而实现乡村生态旅游与乡村的可持续发展。

详细程序之间的关系见图 6－2。

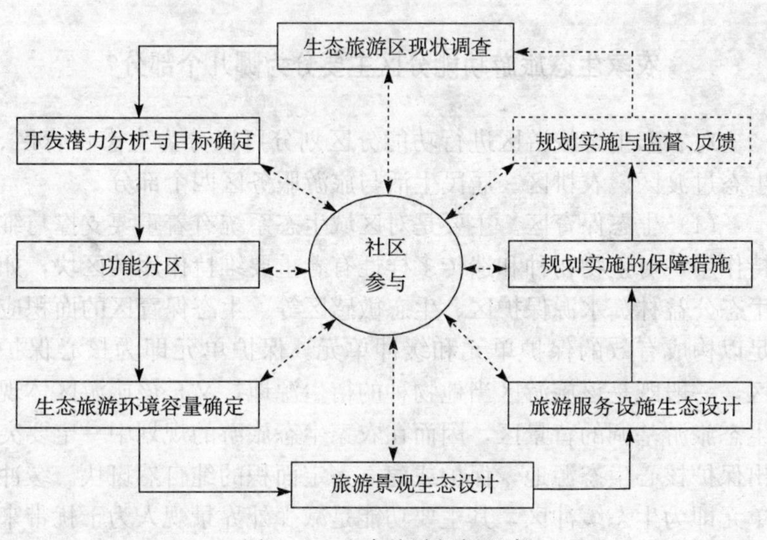

图 6－2　生态旅游规划程序

（何晓芳，2005）

16. 农家生态旅游功能分区的原则是什么?

对生态旅游区进行功能分区时，主要有以下原则：

（1）基于区域内不同环境背景所能承受的干扰程度和适宜性原则进行分区。这一原则可实现重点对象保护与游客需求满足的协调。目前，已普遍被用于以自然保护区为生态旅游开发对象的区域，分区模式包括同心圆模式、三圈层、四区块和五圈层模式。

（2）基于区域生态环境现状和资源价值不同的原则进行分区。按照这种分区原则可以分为开发区、科研区、治理区和监测区。

（3）基于区域内植被景观特征与其所能赋予不同的情调为原则进行分区。不同的植被景观可赋予游客不同的生态回归情感，如亲近自然与回归自然。

17. 农家生态旅游功能分区主要分为哪几个部分?

对农家生态旅游区进行功能分区划分可以分为生态保育区、生态过渡区、农耕区、居民生活与旅游服务区四个部分。

（1）生态保育区。主要是对区域生态系统有着重要支撑与维持作用，对生物物种和遗传多样性有着重要维持作用的区块，如生态公益林、水源保护区、生态敏感区等。生态保育区的面积应足以构成有效的保护单元和缓冲单元。保护单元即为核心保护区，一般既是该旅游区当地物种的衍生源地，又是该旅游区体现生态旅游基调的背景区，因而在农家生态旅游的规划中一定要突出保护核心生态源地，保护或建立一定面积的纯自然斑块。缓冲单元即为生态缓冲区，其主要功能是减少外界景观人为干扰带来的影响。在这一区域即使进行轻微的分散旅游活动，也可能给缓冲区带来破坏，进而危及核心区的生态稳定，所以这一区域不宜开展密集的旅游活动，不过可以有效安排观光型活动，通过设计来有效限制人为活动对本区的影响。

（2）生态过渡区。这部分位于生态缓冲区的外界，有利于核心区的保护与稳定。由于多样性对确保生态系统和景观的稳定性，缓冲旅游活动对环境的干扰性，提高景区观赏性方面有极其重要的作用。所以在这一带可以考虑提高景观和生物多样性，从而提高生态系统的稳定性和抗干扰能力，进一步美化景观。

（3）农耕区。该区域位于过渡区的外缘，是当地居民开展耕作活动的主要场所，一定程度上也是游客活动的区域。

（4）居民生活与旅游服务区。此区是居民最主要的生活活动区，同时也是旅游服务区，可以为各客源层次的旅游者提供当地特色的旅游服务，如特色餐饮、住宿等。在接近旅游路线的地方适当增加一些旅游服务，丰富地域性旅游供给；在面积较大的自然植被斑块和建筑斑块之间增加一些农业小斑块，如果园、花圃等，并采取列植、丛植或群植等手法构成不同的景观小区，形成以村庄为中心的林农间作模式与居民点四周的庭院经济树种网点模式相结合的结构图式。

18. 农家生态旅游功能分区中农耕区的景观设计要点是什么？

其景观规划设计的要点是：

①引导自然斑块以廊道或碎部形式分散渗入农耕地段，如向水田等生产性斑块埂缘引入生态绿篱，实现农田林网化；

②农业景观除维护基本的耕地外，应增加蔬菜、瓜果等农用地的面积比重，以期在取得经济收益的前提下提高景观异质性，丰富景观的多样性；

③充分利用景观的空间镶嵌与多熟种植原理组合作物的空间结构，适当安排轮作顺序，提高集约化程度；

④实行陡坡耕地还林或改为观光性的经济林果园。

19. 旅游环境容量是在怎样的背景条件下产生的?

最初，旅游环境容量是从突出的生态环境问题与较低的游览效率角度理解，包括旅游地生态环境容量与游客心理容量两方面，但随着人们对旅游环境及其影响研究的深入，发现不仅旅游自然环境容量超载影响着旅游业的发展，社会文化与经济条件也同样制约着它的发展。因此，部分学者提出旅游环境容量是指在某一旅游地环境的现存状态和结构组合对当代人及未来人无害的前提下，在一定时期内旅游地所能承受的游客人数。它是一个包含社会、经济、自然环境在内的复合环境系统，旅游环境容量应包含基础环境容量、生态环境容量、心理环境容量与社会环境容量。

20. 农家生态旅游环境容量概念体系如何划分?

农家生态旅游发生区域为乡村居民生活生产的区域，其在历史上形成的自然与人类和谐的“天人合一”的文化旅游环境容量与区域生态旅游气氛环境容量是相同的，因此农家生态旅游环境容量概念体系可划分为自然生态旅游环境容量、生态社会经济旅游环境容量、生态旅游气氛环境容量三大部分，所形成的概念体系见表6-2，二级分类每个类别的概念同上。

表6-2 农家生态旅游环境容量概念体系

(何晓芳，2005)

农家生态旅游环境容量概念体系	一级分类	二级分类
	自然生态旅游环境容量	天然生态旅游环境容量
		生态旅游空间环境容量
		自然资源环境容量

（续）

	一级分类	二级分类
农家生态旅游环境容量概念体系	生态社会经济旅游环境容量	生态旅游政治环境容量 外部生态经济旅游环境容量 内部生态经济旅游环境容量
	生态旅游气氛环境容量	区域生态旅游气氛环境容量 社会生态旅游环境容量 旅游者生态旅游环境容量

21. 影响农家生态旅游环境容量的因素有哪些？

（1）自然特性。

①地形与土壤。地形多变，有利于形成较大的景观环境容量，但坡度过大不利于游憩活动和道路的设置，会引起环境容量的减小。土壤条件好，植被生长茂盛的地方环境容量较大。

②植被。不同的植被类型对观光的适宜性不同。大片的农业作物生产区环境容量小，而阔叶林区（如果园）比针叶林区容量大，林木密度在0.6～0.8郁闭度较好，郁闭度增大或减小，环境容量都会下降；生长健壮的植被环境容量大。

③动物。牧业生产的农家旅游区环境容量小。野生或自由放养的动物观赏区中，种类和数量的多少直接影响着环境容量。

④游览的时间和位置。距城市的远近、交通状况、游览的季节及在园区中停留的时间等都影响生态农业旅游区环境容量。

（2）不同的经营管理政策。农家旅游区中不同的游览活动和适宜的功能分区对环境容量的影响较大，如安静休息、文娱活动、科学考察、垂钓、打猎等性质的不同，要求也各异，其中文体活动与服务区的环境容量可相应加大，安静休息环境容量相应小些。在生态农业旅游区，大片农田、果园的存在使游人被限制在游路上。通过开辟空地、建设景点和设施、增加游步道的数量，可提高其环境容量。

22. 生态环境容量的测算方法有哪些?

生态旅游环境容量的确定与量测方法很多，总体可分为客观评估法和主观评估法两大类。客观评估法即下面所讲的理论推测法，需要长时间的观察研究和详细的数据资料的收集分析，需要大量的人力、物力和财力投入，但所得结果具有客观性，对于旅游规划具有重要意义。主观评估法即下面所讲的经验量测法也同样重要，尤其是当在较大的区域范围内旅游活动对环境的影响与其他社会经济活动对环境的影响是同时发生，糅合在一起时，对环境容量的经验量测反而更具有科学性。

（1）经验量测法。生态旅游环境容量的经验量测方法是通过大量的实地调查研究而得出其经验值或经验公式。这种量测方法适用于生态旅游空间、自然资源、生态旅游气氛、旅游者生态旅游环境容量等。常用的方法有：

①自我体验法。即调查者作为一名生态旅游者，在旅游过程中来体验所需要的最小空间，感受不同旅游者密度，并感知旅游者数量、活动强度对生态旅游环境的影响等。

②调查统计法。在不同的生态旅游地域、社区、路段等分别对不同的生态旅游者进行调查，了解生态旅游者对生态旅游环境容量各方面的认知、感受与需求，并进行统计处理。

③航拍问卷法。以航拍来了解生态旅游者人数和分布状况，同时采取问卷形式调查生态旅游者的看法，通过分析比较得出生态旅游环境容量的经验值或相关结论。

（2）理论推测法。理论推测法往往是在调查研究或经验量测法的基础上，对生态旅游环境容量进行推算，以求得更合适的生态旅游环境容量。主要有单项推测法和综合推测法，其中单项推测法比较常用。

①单项推测法。是指对生态旅游环境容量体系中某一个方面的容量因素建立简单的线性关系模型进行推测。

②天然生态旅游环境容量的量测。天然生态旅游环境容量的确定与量测立足于维持当地原有的自然生态质量，包括两方面：一是生态环境能承受因生态旅游造成的直接消极影响（如游人对植物的践踏等），即生态环境本身再生能力能很快消除这些消极影响；二是天然生态环境对生态旅游者所产生的污染物能完全吸收和净化，如生态旅游者聚集所产生的对水的污染可在较短时间内为当地天然生态系统所净化。基本要求是旅游地的生态系统维持在一个稳定的、良性循环的状态。下面是一个生态旅游地域生态旅游环境容量量测公式：

$$F=\frac{\sum_{i=1}^{n}S_iT_i+\sum_{i=1}^{2}Q_i}{\sum_{i=1}^{n}P_i}$$

式中：F 为天然生态旅游环境日容量，S_i 为天然生态环境净化吸收第 i 种污染物的数量（量/日），T_i 为各种污染物的自然净化时间，一般取 1 天，对于非景区内污染物可略大于 1 天，但累积污染物最迟应在 1 年内完全净化完，n 为旅游污染物种类数，Q_i 为每天人工处理掉的第 i 类污染物量，P_i 为每位生态旅游者一天内产生的第 i 类污染物量。

③生态旅游空间环境容量的量测。生态旅游空间环境容量的确定与量测包括旅游线路、旅游景点和旅游景区容量之和，再加上非活动区接纳旅游者人数：

$$T=\sum_{i=1}^{m}D_i+\sum_{i=1}^{p}R_i+C$$

$$D_i=\sum_{i=1}^{n}S_i$$

式中：T 为生态旅游空间环境容量，D_i 为第 i 旅游景区容量，S_i 为第 i 旅游景点容量，R_i 为第 i 景区内线路容量，m、n、p 分别为景区数、景点处数、景点内道路系数，C 为非活动区接纳旅游者容量。

④自然资源环境容量的量测。在很多生态旅游地之中，一些主要自然资源数量往往以水资源供应量为限制因素，如水资源环境容量 W＝总供水量 T/人均用水量 W_e，总供水量即该地的供水能力，人均用水量包括住宿旅游者人均用水量和流动旅游者人均用水量两个部分。

⑤社会生态旅游环境容量的量测。当地居民对前来进行生态旅游者感知的关系可用下式表示：

$$R = A \cdot P_a$$

式中：R 为社会生态旅游环境容量，A 为生态旅游区域或社区内居民点（或面积），P_a 为当地居民不产生反感的旅游者密度。若居民点与旅游地（社区）合二为一，则 P_a 值较大，即当地居民可接受较大的旅游者密度；若居民点与旅游区域、社区基本分离，但作为其依托点，则 P_a 较小；若旅游区域、社区与居民点不关联，则社会生态旅游环境容量 R 取无穷大。

⑥旅游者生态旅游环境容量的量测。旅游者生态旅游环境容量是生态旅游者的心理感知容量。据环境心理学原理，个人在从事活动时，对环绕在自身周围的空间有一定的要求，任何外人的进入，都会使个人感受到侵犯、压抑、拥挤等，导致情绪不安、不快，这种空间称为个人空间，它的大小受三方面因素影响：活动性质与活动场所的特性；年龄、性别、种族、社会经济地位与文化背景等个人要素；人与人之间的熟悉和喜欢程度、团体的组成与地位等人际因素。个人空间值即为规划和管理中所称的基本空间标准。旅游心理容量是指旅游者在某一地域从事旅游活动时，在不降低活动质量条件下，地域所能容纳的旅游活动最大值。旅游者生态旅游环境容量 C_i 是生态旅游地域在生态旅游者

满足程度最大时的旅游活动承受量，在一定程度上等于生态旅游资源的合理容量，一般量测式为：

$$C_p = \frac{A}{C_r} = K$$

$$C_i = \frac{T}{T_0} C_p = \frac{T}{T_0} KA$$

式中：C_p 为日容量，C_r 为时点容量，A 为资源的空间规模，K 为单位空间合理容量；T 为每日开放时间，T_0 为人均每次利用时间。

（3）综合推测法。对生态旅游环境容量的各个方面作出综合推测。作为综合推测，往往遵循最低因子限制律，即生态旅游环境容量的大小往往受到生态旅游环境容量中最小的那一个分容量或者叫做因素的限制，该分容量或因素决定了整个生态旅游环境容量，就像木桶原理一样。用量测公式来表示生态旅游环境容量（E）：

$$E = \min(E_1, E_2, E_3, E_4 \cdots, E_{10})$$

式中：E_1 为天然生态旅游环境容量，E_2 为生态旅游空间环境容量，E_3 为自然资源环境容量，E_4 为生态旅游政治环境容量，E_5 为“天人合一”文化旅游环境容量，E_6 为外部生态经济旅游环境容量，E_7 为内部生态经济旅游环境容量，E_8 为区域生态旅游气氛环境容量，E_9 为社会生态旅游环境容量，E_{10} 为旅游者生态旅游环境容量，即某一分量最小值限制了生态旅游环境容量值。

对于农家生态旅游环境容量而言：

$$E = \min(E_1, E_2, E_3, E_4 \cdots, E_9)$$

式中：E_1 为天然生态旅游环境容量，E_2 为生态旅游空间环境容量，E_3 为自然资源环境容量，E_4 为生态旅游政治环境容量，E_5 为外部生态经济旅游环境容量，E_6 为内部生态经济旅游环境容量，E_7 为区域生态旅游气氛环境容量，E_8 为社会生态旅游环境容量，E_9 为旅游者生态旅游环境容量，也是某一分量最小值限制了生态旅游环境容量值。

在实际应用中，生态旅游环境容量研究要注重定性与定量方法相结合，目前的生态旅游环境容量的确定与量测，有些可用经验值加以推测运算获得，如前述的某些单项容量推测，而有些还难以做到定量量测，如生态旅游政治环境容量等，不过随着研究的深入可能会逐渐找到定量量测方法。

需要强调的是，生态旅游容量分析是确定旅游开发、旅游者使用的最大限度以及旅游业资源的最佳利用的一种基本方法，它不能代替目的地社会经济、生态环境的影响评估和对这些影响的连续观察。生态旅游环境容量的确定与量测是生态旅游可持续发展的重要科学依据之一，但其概念体系、内涵及其量测等仍有待于进一步深化，从而使它在实际应用上具有可操作性。

23. 我国农家生态旅游的环境容量指标是什么？

国内外一些针对生态农业旅游中林业、旅游等某一方面相关的指标：我国的风景区环境容量分为近郊 600～1 000 平方米/人，远郊 2 000 平方米/人，大型 4 000 平方米/人；北戴河的沙滩 10 平方米/人；名胜古迹、公园、游园等 4 060 平方米/人；文、体、商设施 40 平方米/人。美国森林旅游野营地的密度为 30 个/平方千米；日本对相关项目的容量计算较细，明确了基本的空间标准（表 6-3）。

表 6-3 日本游乐场所基本空间标准一览表

（严贤春，2004）

场所	最大日集中率（%）	同时滞留率（%）	平均停留时间（小时）	基本空间标准
动物园	2.0	40	2.5	25 平方米/人
植物园	3.5	40	2.5	300 平方米/人
划船水面			1.5	250 平方米/人
野外赛场			2.0	25 平方米/人
射箭场	5	40	2.5	230 平方米/人

（续）

场所	最大日集中率（%）	同时滞留率（%）	平均停留时间（小时）	基本空间标准
自行车场			2.0	30 平方米/人
垂钓场			5.3	80 平方米/人
狩猎场			6.0	3.2 平方千米/人
牧园、果园	3.710	50	3.0	100 平方米/每群行人
徒步旅行			3.5	400 平方米/人
小游园	3.5	70	3.2	10 平方米/人
露营地	3.5	100		150 平方米/人
别墅	4.0	100		700～1 000 平方米/人

24. 对于一个农家生态旅游区，根据不同的观光内容分类，其环境容量确定的参考因素是什么？

（1）植物园、农作物、果园、菜地等农作物综合观光型。

①以生产为主的，其环境容量主要由开放时间、广场面积和道路长度、宽度决定。如花卉园以生产为主，平时不对外开放，在花卉采收季节在工作人员的带领下进行参观、采摘活动可由开放时间、限额和道路广场的面积决定。

②非生产性的，特别是开展采摘的果、菜园的环境容量根据植物的品种、产量、大小年、生产管理水平等安排游人的容量，如菜园时菜类的采摘园依据产量的 80%可供采摘计算供应量为宜；瓜菜类由于受颜色、果形、大小等的限制，按产量的 60%可供采摘计算供应量；果园不同的种、品种的果期、果肉、果色、果形、口感、产量、采摘中的损耗等差别大，需要区别对待。

（2）动物园、垂钓场、狩猎场、牧园等农牧综合型。

①生产性的，开发时间短，可供游览的面积有限，以开放时间和供游览的面积计算。

②非生产性的参见动物园的容量计算方法。

(3) 观光、娱乐类。参见农园、科技示范园和风景区的容量计算标准，根据开设的游览道路或小游园、广场面积等计算可允许的最大游人值。

根据不同的观光类型独立核算后，汇总成为整个旅游区总的环境容量，对环境容量指标应全面理解其相对性和可变性。用上述方法，结合基本的空间标准，为规划实践提供了方便。初步确定农家生态旅游的环境容量接近600～1 000平方米/人。在规划设计中，为扩大环境容量，可使环境容量不同的区按总体布局的要求安排相对集中或分散，形成不同游憩环境。同时，加强疏导，开发新的景点、景区，增设游步道，调整不合理的功能安排等也可增加环境容量。

25. 我国农家生态旅游景观的主要特征是什么？

(1) 景观类型的多样性。乡村景观融合了自然景观、半自然景观和人工景观，既有商业金融、居民点、工业及矿产和道路等人工景观，又有森林、河流、农田、果园和草地等自然风光，具有丰富多样的景观类型。

(2) 地域差异明显。我国是一个多民族、多文化、地域辽阔的国家，不同地区差异较大，独特的地方风貌和建筑风格使得各地乡村景观具有浓郁的地方风情和乡土特色，在景观多样性和地域差异上也很突出。

(3) 景观功能的多样化。乡村景观的发展应该强调乡村景观功能的社会、经济、生态和美学价值四方面的协调统一，在满足生产需求的基础上，充分考虑乡村景观的环境服务功能和旅游观光功能。

(4) 景观相对稳定性。乡村景观与城市景观相比具有较高自然属性，具有比城市景观更高的稳定性。因为人工景观中有较多的人为投入，而在自然景观中人为投入则较少甚至没有，因而使得自然景观具有相对的稳定性。

（5）景观生态问题严重。近些年，由于各地乡村发展单纯地追求经济利益，而对生态效益有所忽略，从而导致自然景观破坏严重，生态平衡遭到破坏，农村景观和城镇景观结构不合理、传统文化景观与现代文化景观不协调等景观生态问题日益突出。

26. 农家生态旅游景观生态设计的原则是什么？

（1）空间异质性和整体高效性原则。乡村景观是一个由异质的斑块、廊道、基质组成的镶嵌体。如在乡村景观中，农田为基质，林带为廊道，两者相间并重复出现呈网状结构，斑块的空间格局的变化构成了斑块动态，斑块动态影响着系统的整体功能，最终影响农业景观的整体效益。

（2）生态流的循环再生性原则。构成空间镶嵌体的不同景观单元之间具有相互作用，即生态流，它包括物流、能流和信息流。基于景观生态学原理的景观规划设计，要求人类对自己的介入应约束在环境容量以内，不破坏生态系统的物流、能流的基本通道，创造既服务于人又能与自然环境相融洽的场所。

（3）景观演替的人类主导性原则。一般而言，景观演替的成因包括自然干扰和人类活动两个方面。人类对土地的开发利用是乡村农业景观演替的主要原因，这种影响有利与弊之分，景观设计应从景观生态学原理出发，充分发挥人类主导性，改善受胁迫或受损失的生态系统的功能，使得景观定向演替并导入良性循环。

（4）景观价值多重性原则。不同景观单元发挥着不同的景观功能，理想的农村景观设计应能体现出农村景观资源提供农业总体生产力、保护及维持生态环境平衡及作为一种特殊的旅游观光资源三个层次的功能，即设计出经济价值、生态价值和美学价值兼备的景观空间格局。

27. 什么叫场地情感培养?

场地情感培养即规划设计者置身于所需规划的特色景观斑块场地，通过眼的观察、耳的聆听和心的体验，反复多次地对场地景观进行理解与体会，把握场地特色，从而使设计能够与周边环境融为一体。农家生态旅游规划者要时刻明确其所服务的对象，把自身作为一名生态旅游者或当地居民置身于景观现场，将乡村蜿蜒的道路、优美的景致、造型地貌、泉水、树木等具有特色的景观特征予以保留并将其淋漓尽致地发挥，而对不雅的景观特征予以屏蔽与摒弃。在乡村景观结构基本要素分析的基础上，场地情感培养是将各景观要素融洽地结合起来，突出规划区域乡村景观的特色，体现生态旅游内涵的关键。

28. 什么是农家生态旅游服务设施的生态化设计的根本目的?

农家生态旅游服务设施的生态化设计是为了给人们营造一个和谐的环境氛围，以便让游客能从中感受自然，体验人与自然最亲切的关系并受到保护生态环境的启发，从而提高他们的生态环境意识。

29. 农家生态旅游中旅游服务设施主要包括哪些?

对于农家生态旅游来说，旅游服务设施主要包括旅游解说系统、游客集散中心、农家住宿等。

（1）旅游解说系统。农家生态旅游解说系统，是指通过由当地居民、当地旅游服务社团的讲解或物品展示等途径和形式向游客进行自然知识介绍与乡土文化宣传的一个旅游服务系统。通过构建解说系统，一方面可以增加游客对有关自然生态知识的了解，激发他们对大自然热爱的情感，引导其与自然友好的旅游活动及行为；另一方面有利于提高当地居民对生态环境及乡土文化的保护意识，使他们时刻认识到自我的文化习俗以及乡野的景观特色是人类宝贵的财富，从而促进乡村生态环境的良性发展。目前国际上具有代表性的解说系统模式为发送者—信息—接受者模式，如图 6-3。

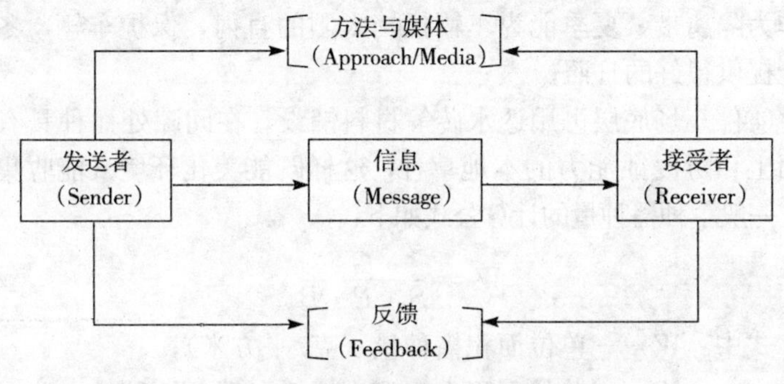

图 6-3　发送者—信息—接受者模式
（吴承照，2002）

（2）游客集散中心。农家生态旅游集散中心也即农家生态旅游的总接待点，用于合理安排游客量以及外来车辆停靠。作为旅游服务，旅游集散中心主要需做好上接与下传工作：上接为游客的接待与旅游活动的安排，下传为与农家乐、度假屋等旅游住宿点紧密联系，合理分配游客。旅游集散中心的合理调配有利于控制农家生态旅游区的游客量，从而保持农家生态旅游的原味。

外来车辆停靠点设置是为杜绝大量外来车辆涌入而导致乡村宁静环境的破坏与农家生态旅游区生态环境质量降低等现象发生，因为乡村是一个没有边界的旅游景区。

30. 农家生态旅游中车辆停靠点的设计应遵循什么原则？

车辆停靠点的设计主要遵循以下两个原则：一是景观生态安

全原则；二是生态环境保护原则。因此，停车场设计从选址、底层与周围景观配置等方面符合生态要求：

①车辆停靠点选址应靠近乡村与外界交通相接处；

②停车场外围以本地高大的常绿树种筑起绿色的围墙，且可适当地播种具有吸收氮氧化物等污染废气的本地植物；

③车位之间用树冠大且能抵挡与吸收污染气体的本地落叶树种作为隔离带，夏季能为车辆抵挡太阳的直射，保护车辆，冬季又能提供很好的日照；

④停车场底层可用透水砖等材料铺设，在间隙处播种具有较强固土和防侵蚀能力的本地草种，这样既能美化环境又能收集雨水。一般草种播种量的计算公式如下：

$$W=\frac{G}{S\cdot P\cdot B}$$

式中：W——单位面积播种量（克/平方米）；

G——单位面积希望发生棵树（棵/平方米）；

S——单位重量平均种子粒数（粒/克）；

P——纯度；

B——发芽率（%）。

31. 庭院生态工程的设计主要体现在哪些方面?

(1) 绿色庭院。绿色庭院设计首先要遵循本土景观特色，避免大面积地搞绿化、美化而失去了乡村的景观味道。通过果树、菜园以及一些花卉合理组合，不仅给游客一个多彩的、更具乡野风味的庭院，而且为其创建生态体验的场所，游客不需出户就能体验到农事劳作的喜悦，学到关于果树、蔬菜种植等知识。其次要巧用“借景”，将庭院外的乡野景观作为绿色庭院景观的一部分，从而增加人的开阔感，通过巧妙的头饰和恰当的开口将周边（可一直延伸至远山或地平线）诱人的自然美景引入庭院，最后以顺应自然的绿化方法进行庭院绿化，栽种乡土的乔木、灌木与草种，避免栽种大面积的外来物种造成乡村本土景观风味的改变甚至生物入侵等生态安全问题。

（2）水资源系统设计。水资源系统设计主要从节约用水、实现水的循环利用角度出发，即将人粪尿、生活杂用水、雨水、庭院的果蔬灌溉用水与景观用水组成一个较为完善的系统，从而减少污染物的排放，创造循环的水利用系统。该系统主要从两个角度出发，一是将雨水收集系统、生活杂用水、庭院果蔬用水及景观用水结合起来：雨水和生活杂用水收集起来后进入一个有水生净化植物（如睡莲、水葱等）和卵石组合而成的土壤—植物处理系统，然后进入庭院可作为庭院景观用水及庭院灌溉；二是将人粪尿等生活污水与庭院果蔬系统结合起来：人粪尿和厨房用水经过化粪池后进入果蔬园作为农用水，实现污水的利用与处理，其流程见图 6-4。

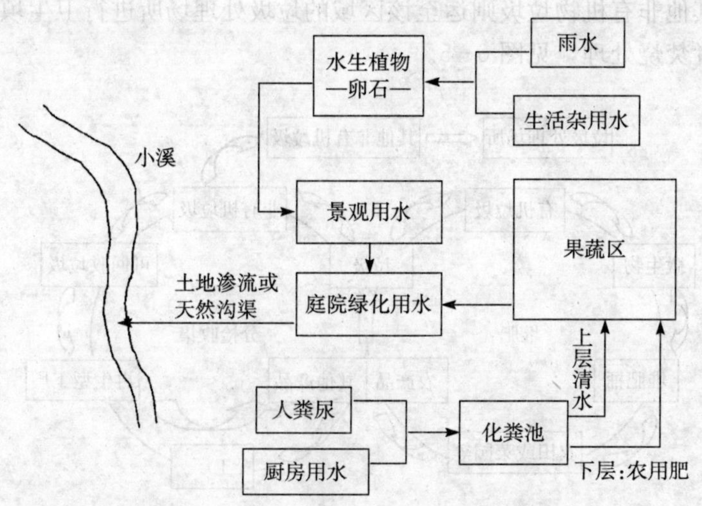

图 6-4　生态化水资源利用流程图
（何晓芳，2005）

在设计和建造过程中应尽可能减少对动力的需求，利用现有的地势条件形成重力使水系循环与流动，而经循环利用与净化的水最终流入乡间小溪，实现与外界水系相连，防止雨量过大或者水量过大而造成庭院的溢水。为保证出水水质的安全性，在庭院出水口周边可以配置一定净污水植物及一定宽度的水杉、栎树等，以降低生化需氧量。

（3）垃圾处理系统。垃圾处理系统主要从减量化、资源化角度出发，设置安全、简单与美观的垃圾储存设施。首先要减少对一次性物质的使用与废弃物的产生量，其次实行有机物垃圾和非有机物垃圾的分类收集。对于有机物可采用自然堆肥桶等现代化生态技术，利用高效微生物对有机垃圾进行自然发酵成为有机肥料后用于农田、菜园及自留地等；对于非有机物垃圾，将可资源化回收的垃圾（如金属、塑料、玻璃等）与其他非有机物垃圾分类，可资源化的垃圾卖给物资回收部门进行再加工；不能资源化的其他非有机物垃圾则运至该区域的垃圾处理场所进行卫生填埋或者焚烧处理，见图 6-5。

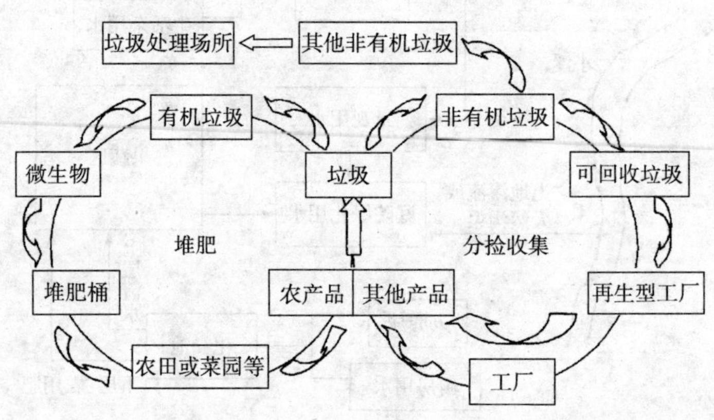

图 6-5 生态化垃圾处理系统

（何晓芳，2005）

（4）能源系统。对能源的高效利用是生态农家服务设施的一个重要因素，应从清洁能源使用与节能角度考虑。清洁能源即是对风能、生物质能和太阳能的合理利用，风能由于受当地季风、风速等因素影响一般可开发区域较少；生物质能如利用家畜粪便与人粪尿等发酵产生沼气，但对一般农家从经济效益来讲并不一定有足够的原料用于沼气开发。因此太阳能利用成为生态农家主要的清洁能源，太阳能光热设备、太阳能热水器等的设置将使其对外来能源的依靠降低，同时又减少了大气污染物的排放。节能主要是从建筑物的朝向与设计、庭院绿化配置等方面考虑能充分利用良好的外部环境，实现光照充足、自然通风等，即风水中所说房屋设计要能“藏风聚气、得水锁金”：①在庭院绿化配置上，夏季庭院丰茂的树木与植被能够营造良好的小气候，抵挡烈日；而冬季能获得充足的阳光抵挡寒流。②在建筑布局上，夏季能够促进主导风向顺畅进入，加强迎风面上的风压，从而强化室内自然通风，减少制冷的动力；冬季则能阻隔主导风向的进入，减弱迎风面上的风压，从而减少制热的动力。

（5）建筑设计。对建筑设计无论是对原有农舍的改建还是新建都应尊重自然，注重与自然景观的融合。建筑色调要与周围的乡村生态环境背景相协调；建筑体量与其性质、功能、自然气氛等相协调，忌大、忌高；风格要与当地乡土风格相一致，质朴简约但能体现对环境的适应。在建筑及其室内装饰等材料上尽可能选用当地材料或者选用对环境友好的材料（如可再生材料、无毒材料等）。新建的农舍要充分结合现有的土地现状，尊重原有土地的面貌：如对于丘陵地带的农家生态旅游区建筑应根据原有自然的山势形态进行建造，既能减少土方的挖掘量，又能展现出伸展、飘逸的体形。

此外，要能充分整合庭院与周边自然景观特征，利用窗户、阳台等强化最佳景观部位，使居住在屋内的游客能够体验到与自然的亲切感，将自然要素与自然环境带进居住环境，在突出优美景观时，要注重通过墙体、树木以及装饰等将欠佳的景观视觉效果加以屏蔽。

32. 案例分析：通过沈阳市苏家屯区姚千户屯镇马耳山村的农家生态旅游规划的案例，分析对农家生态旅游规划与设计的认识。

(1) 马耳山概况。马耳山坐落于沈阳市苏家屯区姚千户屯镇，共有 664 户农户，总人口 2 159 人，位于姚千户屯镇南部，距沈阳市区 35 千米。马耳山为千山余脉，主峰海拔 330.8 米，是沈阳南部最高峰，因山有两峰，并排矗立，酷似马的两个耳朵，故此得名，其清秀的自然风貌和典型的北方山区田园风光，每年吸引着国内外近万人自发到此登山郊游。

(2) 规划内容。

1) 规划原则。

①自然保护优先——保护有价值的自然资源以及生态环境，遵循生态学规律，严格控制旅游开发建设力度和游客数量，将保护置于优先地位。

②人文景观留存——尊重当地的文化，在设计中注重对人文景观的保护，并与生态旅游规划相结合开发新的旅游活动，将地方特色传统文化的传承和保护与旅游开发相协调。

③乡土特色突出——设计中要注重对乡土物种以及乡土材料的使用，不仅能够体现具有当地特色的景观风貌，而且对维护生态系统的安全有着重要作用。

④旅游经济可持续——在进行生态旅游规划时必须全程贯穿可持续发展的理念，将大自然的原始韵味与地区经济发展的原则紧密结合，实现生态系统安全完好、生态旅游长久繁荣的双赢目标。

2) 规划特点。

①功能划分。以生态保护为目标，根据各片区的特性及相关划分要求将土地进行分区，维持乡村充满生命力的生态环境背景，保持乡土景观完整的特征，便于对游客的管理，从而有效实现对乡村生态旅游环境的保护。

旅游活动区：主要应包括旅游接待、交通、解说以及游客的食宿等内容。设计在旅游接待、区内交通、农家服务设施上应充分考虑节能、物质循环、生态与环境保护，能源、交通、技术、商品、服务设施要符合绿色标准，使得其对周边生态环境的影响最小化。对本地的乡土文化进行保存，将具有乡村特色的马耳山采摘节作为一项重点推介的旅游活动。在两个多月的采摘节中，将有文化表演、农趣竞赛、绿色采摘系列活动；群众趣味体育大会；扭秧歌、二人转等广场文化演出；老年自行车大赛。

旅游体验区：在生态观光园中以大面积的果树和经济作物为主，让游客亲身参与农作，体验其中的乐趣。马耳山规划耕地面积约 1 780 亩，林地面积 3 800 亩。生态旅游区现有 1 277 亩果园，品种以樱桃、苹果梨、南果梨、朝鲜阳梨及山楂为主，其他如苹果、杏、李子、山里红、欧李等也有一定的规模。每年 4～10 月有不同蔬果供游人采摘，其中 8 月、9 月、10 月三个月是游人体验采摘乐趣的最佳季节。

新农村规划区：保留村庄北部的居民住宅，依据国家对新农村建设的要求，以原有道路骨架为基础对村庄的发展进行科学规划，满足村庄发展的规模需求。整合村庄现有的景观，在保持淳朴面貌的基础上，着力于内部环境质量的提升。

生态保护区：是旅游生态景区得以保护和可持续发展的根本，对整个地区的总体生态环境起到决定性的作用。生态保护区为非建设用地区，已占用保护区内土地进行建设的单位和个人应逐步退出。

生态缓冲区：在形态和功能上具有过渡性质的地域，用意在于直接或者间接地阻隔人类对自然保护区的破坏，划定用以趋缓冲击的地块。如在道路系统设计中，为避免过大的人流、车流对周遭环境生物的影响，保护生态的连续性，设置了20～100米宽度不等的缓冲空间。

生态协调区：主要是针对原有分散居民点与旅游开发相结合而进行的一种设计方法，以更新改造为主，不宜进行大规模的新开发活动，以降低开发所带来的冲击。

②景观生态。

生态斑块：通过增加绿地斑块的数量和面积来提高绿地景观的异质性，并设计成各具特色的小游园与公园，不仅可以为当地居民提供娱乐和游憩场所，还具有较强的环境调节能力，在景观绿化中往往把它作为建设布置的重点，以此为“绿核”结合“绿廊”形成绿化网络，使绿地遍布于规划区的每个空间，以便更好地为当地居民服务。

生态廊道：交通廊道——在主要道路两侧规划各种植20米宽的绿化防护带，作为隔离保护屏障，使旅游环境达到安静、舒适、不受干扰的目的。绿化防护带选择适宜生长的本土性植物，以景观林带与节点装饰绿化相结合，并合理搭配树木类型，使其富于变化。河流廊道——作为一类重要的生态廊道，具有多种生态功能。在河流两侧划定宽度不等的廊道，不仅能起到保护水资源的作用，还能改善生态环境。景观廊道——将建设区内的绿地斑块串联起来，有利于将自然风光引入，形成通风走廊，可以改善旅游区的生态环境，加强旅游区生态系统中各子系统的有机联系，并且有助于减少旅游开发产生的污染和噪音，此外在防灾减灾的系统中也可作为疏散通道。

生态网络：生态网络系统建设以整体优化为原则，各类景观及景观要素和谐共存，融洽地交流，构成连续的整体。人工的生态环境与旅游区外围的天然林地、农田、荒山、坡地、水体等丰富的自然环境相结合，构成了整个地区的生态网络。

③环境保护。

污染控制区：主要针对客流量较大的旅游区域与乡村的居民点两大部分，设置环境监测点，注重对水体污染防治、大气污染防治、噪声污染防治、固体废弃物污染防治等方面规划的内容。

环境保护区：旅游资源价值优良，能反映旅游区特色的精华地区，以保持景物、景观的长久性为目标的区域。制定对水、土地、生物物种、矿产资源等的合理开发利用与保护的规划。

灾害防治区：对于灾害多发区进行相应的控制防护措施。水土流失较为严重，崩塌、滑坡、泥石流等地质灾害易发地段，加强生态林和防护林建设，将灾害的发生率和损失率减至最小。

（3）案例讨论。在上面的案例中体现出了农家生态旅游规划的旅游区的现状调查、功能分区、旅游景观设计等步骤，而旅游服务设施的生态设计则在功能分区中简略带过，这显然是不太规范的；另外，由于篇幅的原因，对规划落实的保障措施及规划的实施、监督及反馈等步骤没有进行阐述，但在一般的农家生态旅游规划中，这些步骤大都是需要的。每个农家生态旅游规划项目的实际情况和规划目标往往不相同，所以规划文本可以根据需要合并或增加或减少一些步骤和规划内容。至于旅游环境容量预测步骤，由于其测算所需数据的复杂性以及旅游环境容量本身的不稳定性和不精确性，所以很少有项目在规划过程中会体现出这一步骤，即使对于环境容量的计算是一种操作性较强的管理方法。由此可见，我们的项目规划程序虽然已经比较全面，但要更多地发挥实际指导作用，还需在很多方面进一步优化，尤其是环境容量的测算方面。

七、农家生态旅游环境与保护

1. 生态旅游与传统旅游有什么不同的内涵？

生态旅游不同于传统旅游，具有其独特的生态内涵。人与自然的关系、人与人的关系，既是生态旅游的对象，也是影响生态旅游的重要因素。

在传统旅游中，环境与旅游主题往往是分开看待的，相互之间互有影响，但不强调二者之间的关系。对于传统旅游来说，开发商的追求重点着眼于利润最大化，而旅游者的追求重点着眼于享乐和扩展眼界，游客与旅游点之间的纽带主要是价格。游客通过付出钱财获取享受，开发商通过提供服务获取钱财；而环境通常只作为点缀旅游点的一个参考要素，往往会在短期经济效益的面前被牺牲。以环境为代价获取利益的传统旅游，往往难以可持续发展。

2. 农家生态旅游与环境之间存在怎样的辩证关系？

（1）环境是影响农家生态旅游的关键要素。对农家生态旅游而言，游客的旅游目的主要是对良好生态环境的享受和对乡村文化环境的体验。环境的类型和质量，对农家生态旅游有着直接的影响。优美的自然环境、良好的生态环境、丰富的文化遗产，为农家生态旅游提供了广阔的天地，使其产生更大的吸引力来促进旅游业的发展；相对的，如果农家生态旅游所依存的环境遭到破坏，质量下降，会直接导致游客量的减少，直至该旅游区消亡。

（2）环境是农家生态旅游的内容之一。生态环境和乡土文化的建设为乡村旅游注入了新的内容、增添了新的活力，从而形成农家生态旅游。环境本身即是农家生态旅游的内容之一。处在良性状态的自然景观和人文景观，能激发人们的旅游愿望并转化为现实的旅游需求。

①自然环境的优美、协调是农家生态旅游发展的基础。农家生态旅游地一般都是在乡村环境优越、农业产业发达的地区得到发展。

②乡村农家安定团结、纯朴厚道的人文氛围吸引旅游者前往。旅游业风险较大，经不起政治风波、灾害事件的折腾。农家生态旅游更是如此，安定团结的乡村局面、邻里关系是发展旅游的基础。旅游者进行农家生态旅游，就是希望避开城市的拥挤和繁华，体验农村淳朴厚道的民风。

3. 农家生态旅游对环境有什么重大影响？

（1）农家生态旅游有利于乡村自然生态环境的改善。通过农家生态旅游活动的开展，当地社区和当地居民获得经济上的收益，掌握了“扩大再生产”的资金和经验，从而使整个农家生态旅游取得环境营造，获得经费的支持。而农家经营者在规划人员和政府管理人员的帮助下，不断学习知识、积累经验，认识到良好的自然环境才是吸引城镇居民的关键，无形中提高了生态意识；而在生态意识的长期作用下，农家经营者也将由单纯追求经济利益渐渐转变为热爱自然、保护生态。

（2）乡村传统文化在旅游发展中得以挖掘和保护。由于生产率较低和市场销路不畅等问题，农村很多手工产品被工业产品取代，很多传统的生活方式也渐渐丧失。农家生态旅游的发展，能使这些濒危的文化生态得以保存和延续，被淘汰的民族手工艺得到复苏，传统农作方式以展示的方式部分保留，消失多年的传统节庆活动重新红火展开。

（3）不当的农家生态旅游开发会污染乡村自然环境。乡村社区一般较少具有完善的排水系统和污水处理系统，大量旅游人口涌入农村，生活污水得不到充分净化，就会对水渠、河道产生污染，进而污染农田土壤、农作物；农家生态旅游交通沿线，在黄金周、周末等高峰期，大量运载游客的汽车会造成空气质量超标，而很多旅游公路两侧对绿化树种的选择也欠考虑，分布在沿线两侧的农田所受污染更为严重；大量旅游者产生了大量代谢终产物，乡村地域是否具备对这些代谢终产物的分解和吸纳能力也需要认真研究；部分旅游者不负责任的旅游行为，会使大量不可降解物质进入乡村地域。

（4）农家生态旅游开发、发展中的不当理念冲击乡村人文环境。在农家生态旅游的开发中，如果缺乏科学的规划，往往会出现急功近利的盲目发展。不符合地方特色的人工景观，盲目追求城镇化和奢华气派，造成与自然景观不协调，破坏整体形象；功利性的旅游文化发展观，也容易造成对地方文化的扭曲，为了迎合旅游者的猎奇心理，造成伪民俗化；而旅游利益分布不公，也是乡村新的不稳定因素。同时，在农家开展生态旅游的过程中，外来主流文化会对本土文化形成冲击，造成本土文化的瓦解；大量农家参与到旅游服务业中，会改变乡村朴实、纯洁的伦理观和道德观。这些都是农家生态旅游中必须慎防的不利影响。

4. 农家生态旅游中有哪些自然环境要素？

（1）水环境。包括景观用水、游憩用水和生活用水三方面。

（2）地形地貌。可分为观光性质和体验性质两类。

（3）土壤环境。土壤环境不仅是植被、动物活动、农作物、建筑等生态环境的基础，也可以成为一种观赏性环境。

（4）空气环境。旅游地的空气环境对经营者、旅游者和旅游地的动植物都有着直接影响。

（5）生物环境。农家生态旅游中的生物环境，包括旅游地自然植被、野生动物、耕地上的农作物、放牧或圈养的畜禽等。

5. 农家生态旅游包括哪些人文环境要素？

（1）建筑。对游客而言，特色农家建筑既具有观赏性和文化性，也有体验性和实用性。建筑要素不仅包含建筑物的外形特征和整体构造，还包含内部布局、装饰、功能等。

（2）聚落。农家生态旅游所涉及的“农家”不可能是孤立存在的，而是由众多单体构成聚落，形成对旅游者视觉上的冲击，了解乡土文化的深厚背景。任何文化、民俗，都是建立在聚落的背景之上。

（3）风物风俗。语言、服饰、手工艺、生活方式、节庆活动等多种本土特色，构成农家生态旅游地的地方风物风俗。

（4）精神风貌。农家所表现出的健康精神风貌和社会和谐，是旅游活动得以顺利开展的基础，也是吸引、留住旅游者的重要因素。

（5）当地农家对待旅游者的态度。对于农家生态旅游来说，当地农家是活生生的旅游资源和环境要素，农家对待旅游者的态度和好客程度，决定着旅游者的旅游体验。

6. 农家生态旅游环境可分成几个层次？

根据不同环境“尺度”，农家生态旅游环境可以从大到小划分为社区旅游环境和农舍旅游环境两个层次：①社区旅游环境。社区旅游环境是在大尺度上反映乡村特色的景观，以及这些景观在乡村地域的空间结构和格局。②农舍旅游环境。农舍旅游环境是在“微观”尺度上以农户为单位的乡村生态旅游接待设施、服务设施的卫生状况、建筑材料与风格、旅游标志系统、旅游服务态度等旅游环境。该层次体现具体一户农家生态旅游的方式和水平。

7. 农家生态旅游环境中“社区旅游环境”包括哪些用地类型?

包括三个大的用地类型：社区房屋聚落、周边农田和周围森林；包括两个部分：乡村自然环境和乡村人文环境。该层次体现整个地域的农家生态旅游特色与质量。

8. 不同类型生态旅游区内存在怎样的环境问题?

各类型生态旅游区中存在的环境问题如表 7-1 所示。

表 7-1　生态旅游区中的环境问题

(赵燕丽等，2009)

序号	生态旅游类型	环 境 问 题
1	森林生态旅游	白色污染，水体污染，植被破坏，森林面积缩小，物种减少，固体垃圾，林地退化，空气质量下降
2	沙漠生态旅游	白色污染，沙漠板结表层的破坏，沙漠面积扩大
3	草原生态旅游	植被破坏、草地沙化，土壤硬化，固体垃圾，白色污染
4	山岳生态旅游	水体污染，噪声污染，固体废弃物污染，水土流失，植被破坏、生物多样性减少，山体滑坡
5	冰雪带生态旅游	白色污染，固体垃圾污染，植被破坏，局部地区冰雪融化

（续）

序号	生态旅游类型	环境问题
6	滨海生态旅游	富营养化，固体废弃物污染，物种减少，海域面积减少，噪声污染
7	河湖生态旅游	富营养化，固体废弃物污染，物种减少，湖泊面积缩小，湖容量减少，噪声污染
8	湿地生态系统	水域面积缩小，水体富营养化，物种减少、生物多样性破坏，湿地面积缩小，固体废弃物污染，噪声污染，空气质量下降

9. 农家生态旅游中面临哪些方面的污染？

（1）水体的污染。水污染的危害在于，旅游生活用水水源受到威胁，影响人体健康，同时影响以水体为主的旅游景点的观赏。

（2）大气环境的污染。游人进入旅游区，汽车排放的尾气、扬起的烟尘，农家、饭店等生活锅炉排放的废气，造成严重的大气污染。

（3）固体废物污染。当旅游活动活跃起来，废弃物的产生量增加，超过自然界的自净能力，就会对旅游区游览环境和生态环境造成多方面的影响和危害：影响旅游区美观，污染土壤、影响草木花卉生长，污染水体、破坏水景，污染大气，影响旅游区环境卫生，滋生病原微生物和病媒昆虫，传播疾病。

（4）噪声污染。旅游区噪声的污染源多种多样，来往机动车辆的停靠声、鸣笛声，汽车、摩托车行驶的声音，导游手持扩音器召集游客的声音，不文明游客的高声喧哗，以及旅游区内商贩的大喊大叫等，都给原来相对宁静的乡村农家社区带来了巨大影响。

10. 导致旅游地噪声污染有哪些主要原因？噪音污染对人类有何影响？

交通和游览线路设计得不合理、旅游地游人超载、旅游地四周有较多的噪声源、植被稀少等，是导致旅游地噪声污染的主要原因。

噪声对于旅游者感官有直接影响，使旅游者不能获得应有的旅游气氛，旅游的体验质量大打折扣，因而会造成旅游者心理上的不满足。而野生动物也会因为噪声而受到惊吓，逃离原先的巢穴，动物的这种被迫迁徙，常常造成不良的生态后果。乡村社区的居民长期处于噪声中，会造成听力受损和心理压力。

11. 什么叫非污染生态影响？

非污染生态影响是指人的开发建设活动对自然资源产生的非污染性影响。这些开发建设活动并不产生污染物，却会引起整个自然生态体系结构和功能的宏观变化，甚至不可逆转的退化。随着我国“污染控制与生态保护并举”的环境保护方针的实施，人为活动产生的非污染生态问题越来越受到重视。农家生态旅游活动对森林、山体、水体等珍贵的自然景观以及区域生物多样性的影响，就属于这一范畴。

12. 旅游活动对农家生态旅游区土壤性质会造成什么影响？

（1）土壤物理性质的变化。旅游区内土壤受到旅游活动的冲击，物理结构、化学成分、生物因子都会发生变化，特别是游道外3米以内土壤的性质变化最明显。这些改变最终影响到土壤上植物的生长与种类，昆虫、动物也随之迁徙或者减少。研究表明，旅游者的践踏和车辆的行驶将使土壤结构变得紧实，土壤孔隙度降低。

对于壤土和黏土而言，这就意味着土壤的含水量减少，容重增加。土壤板结紧实，孔隙度变小，将阻碍植物根部吸收水分和空气；减少土壤中微生物的生存空间，引起物质分解与循环受阻；土壤渗透性降低，会增加径流量，引起局地积水，甚至加剧土壤侵蚀。

（2）土壤化学性质的变化。受旅游活动冲击的土壤，有机质和营养元素含量明显降低。以广州白云山风景区为例，随着旅游强度的增大，土壤的有机质、TN、TS、TP 和有效态磷含量逐渐减少。一方面，频繁的践踏或者人为清除凋落物，使地表的枯枝落叶层难以保留，植物凋落物归还量减少；另一方面，土壤的裸露和板结增大了地表径流，大量养分随水流失。这些因素都改变了生态系统的物质循环过程，使土壤有机物和营养成分来源减少。土壤越来越贫瘠，同样影响着动植物的正常生长。

（3）水土流失的加剧。诱发水土流失的因素是多方面的，大气降水、地形、地貌、植被覆盖、土壤质地和地质条件都影响着水土流失的范围和强度。良好的植被覆盖、持水能力强的土壤、枯枝落叶层构成了具有缓冲能力的自然结构，可以有效减缓水土流失。然而，密集的游人活动和土地利用变化重塑了地表轮廓，使得植被减少、土壤裸露板结、有机层缺失。这些因素最终降低了系统的蓄水保土作用，增大地表径流量，从而间接地加剧土壤侵蚀程度。

13. 旅游活动对农家生态旅游区水体会造成什么影响？

（1）旅游业对水的需求量相当大，对区域水资源造成很大压力。为满足游人对水的需求，农家生态旅游地往往采取修水库、建拦河坝、地下蓄水池等供水工程，拦蓄大气降水、地表径流和地下潜水。

（2）地表水、地下水时空分布的改变，打破了长期形成的水循环，使泉水、溪流的流量减少，甚至干枯和消失。

（3）一方面，水体的自净能力降低，有的水体看上去清澈如镜，实际上大肠杆菌、有机污染严重。另一方面，由于水分条件改变，原来的湿生环境逐渐向干生环境演替，水生生物、湿生植物、湿地水鸟等种群将减少或消失，河床上苔藓等低等植物难以为继。

（4）密集的游人活动和工程建设重塑地表轮廓，加剧了土壤侵蚀程度，使得大量土壤成分被冲刷进入水体，径流的泥含沙量大增，尤其是在雨季，本来清澈的溪流变得一片浑浊。

14. 旅游活动对农家生态游景区植被产生的不良影响有哪些?

（1）对森林树木的影响。植被是很多旅游地主要的旅游资源之一，由于旅游的干扰和胁迫作用，使植被发生直接和通过土壤表现出间接的变化，从而影响群落的种类组成和生物多样性程度。旅游活动对森林树木的影响主要表现为机械损伤，如折断树枝、钉钉子、引起伤疤、剥皮引火、砍帐篷杆、薪材、根部暴露等。

（2）对植物种类组成的影响。旅游开发初期，为了开辟大量旅游设施用地、建设过程中为了就地取材，都不可避免砍伐森林。这是破坏自然景区植被最剧烈的形式，植被覆盖率、区域生态质量有可能因此而大幅下降。汽车交通和野营、践踏、采集、用火等旅游行为可能不会故意破坏植物，但也是干扰植物群落结构的重要方面，对灌木层、草本层和幼树层的影响尤其明显。一方面，生存环境变得恶劣，植物的整体数量和质量都会下降。另一方面，旅游干扰使抗干扰能力较弱的敏感物种数量减少乃至消失，逐渐被抗干扰能力强的物种取代，而且植物种类组成趋于简单化。这还意味着一些敏感的濒危植物由于丧失生存空间而濒临灭绝。

(3) 对生物多样性的影响。干扰对物种的影响有利有弊，中等干扰下生态系统具有较高的物种多样性；在较高频率的干扰作用下，生态系统的物种多样性下降。适度的旅游干扰既不对植物造成极大损伤，也抑制群落中优势种的生长，因此会使群落的植物种类多样性增大。目前一些农家生态旅游活动虽然打着“生态旅游”的旗号，但仍然属于高频度干扰，其作用通常会降低植被的物种多样性。

(4) 外来种的引入自然景区。旅游开发过程中，特别是在自然保护区和具有生态代表性以及典型保留价值的区域，引进外来的花卉和观赏树木进行周边绿化或者使用外来种恢复植被都是相当危险的。这些引进种常常就是地区入侵种的重要来源，在新的环境中没有相抗衡或抑制生物，有可能对当地生物多样性和生态系统产生严重破坏，并且不可能从群落中清除出去。

15. 旅游地经济环境受到旅游活动不利影响表现在哪些方面?

农家生态旅游在给乡村旅游地经济发展带来促进作用的同时，也带来一些不利影响，表现为：

(1) 过分依赖农家生态旅游也可能会因旅游业的高度敏感性、脆弱性而导致区域经济发展的不稳定性。

(2) 农家生态旅游业发展可能导致对区域产业结构的不利影响。如弃农从游，农副产品数量下降，价格上扬，影响区域发展和引起当地居民不满。

(3) 农家生态旅游业发展也可能同其他旅游业发展一样，引起旅游地物价和地价上涨，造成当地居民支出费用增大。

16. 旅游活动对旅游地社会环境产生的不良影响有哪些?

(1) 旅游者涌入会引发当地居民与旅游者的紧张关系。

(2) 旅游者的到来导致当地居民生活方式和价值观念的改变。出现追求高消费生活方式及赌博、吸毒、卖淫、嫖娼、投机诈骗、走私贩私等丑恶现象。

(3) 在旅游者的思想意识形态影响下，使当地居民产生政治信仰危机；家庭关系和社会纽带发生解体，社会凝聚力减弱。

(4) 旅游者流入后人流拥挤、道路阻塞，特别是出入口和核心区，给当地居民正常生活带来不便。

(5) 在一些“天人合一”旅游环境中，一些旅游者的言谈举止、服饰装束等，甚至是某些旅游项目开发破坏正常宗教气氛，导致虔诚的教徒不满。

(6) 农家生态旅游者也可能带入某些疾病或病菌，导致旅游地疾病滋生。

(7) 造成某些视觉污染：一是旅游设施与当地自然环境不协调；二是建筑设计死气沉沉；三是旅游者乱丢废弃物；四是乱涂乱画等。

17. 农家生态旅游区的水体环境保护有哪些有效方法?

农家生态旅游中水体的污染源主要是生活污水。生活污水中存在大量有机污染物，造成水体浑浊、观赏功能降低、生态系统破坏等恶果，具体防治方法有：

(1) 认真贯彻执行相关法律法规，如《水污染防治法》、《景观娱乐用水水质标准》、《水污染物排放许可证暂行办法》、《河道管理条例》等。

(2) 农家生态旅游地不进行工业项目建设，并严格控制周边地区的工业建设项目，杜绝工业污染源，要采取有效措施防止高消耗和高污染生产向农村转移。

（3）控制水土、有机质流失和农田污染，大力推广有机农业和生态农业，推进科学化施用化肥和农药，降低化肥和农药的使用量，积极采取措施防止农村环境污染，尤其是防治畜禽养殖业的污染，发展高效、无污染的绿色肥料和有机肥料，推广高效、低毒和低残留化学农药，发展和推广生物农药，保证食物供给的环境安全。

（4）完善排污系统，从“面上”控制水体污染。在农家生态旅游示范点建设污水治理工程，不仅可以缓解农家生态旅游区出现的水体污染问题，而且能为广大农村在改善水体环境方面树立样板。农家生态旅游区应在现有农田灌溉体系的基础上，借鉴城市排水系统的经验，推进灌溉系统和污水系统分流改造工程。对污水进行集中处理，监测达标后再并入农村灌溉系统，这样才能保障农家生态旅游区游客、经营者和当地村民的用水安全，也才能保证这些区域的农产品真正达到“无公害”、“绿色”、“有机”标准。

（5）推广生物治理工程，对农户排水进行处理。由于乡村聚落分布较散，不可能对各个农家生活污水进行收集集中处理，所以应该针对各家各户（尤其是农家生态旅游的经营者）展开“洁源”的治理工作，建议农家经营者建设污水沉降池，通过物理作用净化生活用水；在沉降池中可以栽种对氮、磷等具有较强吸收作用的湿生植物；而这些植物又可以用于家畜的喂养，建立起一个小型的庭院循环经济生态系统。

（6）加强环境宣传教育，提醒旅游者不可将垃圾、纸屑等丢入溪流、河水、水渠、井水等水体中。

（7）开展水上游乐项目的农家生态旅游地，水上游乐船只应以非机动船为主，尽量不使用动力船。各种水上游乐项目的展开，应以不污染水体为前提。

（8）加强水源涵养林的建设，改善林分结构，不断提高其水源涵养能力。

18. 农家生态旅游区的土壤环境保护有哪些有效方法？

必须贯彻“以防为主，防治结合”的环保方针，首先要控制和消除污染源，同时充分利用土壤本身具有的强大净化能力。

（1）合理控制游客数量，加强游客教育。在适当的地区设置警示牌，从而让游客认识到践踏对景区土壤和植被造成的不良影响，以及废物、废水的乱丢乱排对土壤的危害，崇尚文明旅游。

（2）垃圾分类收集。以农家生态旅游经营者为“据点”，以执行垃圾分类为突破口，配合农家生态旅游的发展，在乡村地区开展一场环境保护、环境教育的“会战”，对提高全民素质、营造良好生态环境具有重要的意义。

（3）加强对农用水源及污水灌区的管理。用污水灌溉的水质必须符合国家环保总局批准的《农田灌溉水质标准》，同时必须控制灌溉水量，注意防止渗漏。灌溉区要加强对灌溉污水的水质监测，了解水中污染物的成分、含量及其动态，避免带有不易降解的高残留的污染物随水进入土壤，引起土壤污染。

（4）减少化肥、农药的施用量，避免对土壤造成新的污染。加强农用化肥的立法工作，把化肥污染防治纳入法制轨道。禁止或限制使用剧毒、高残留性农药，大力发展高效、低毒、低残留农药，发展生物防治措施。禁止使用高残留的有机氯农药。根据农药特性，合理施用，制定使用农药的安全间隔期。采用综合防治措施，既要防止病虫害对农作物的威胁，又要把农药对环境和人体健康的危害限制在最低程度。

（5）增加土壤容量和提高土壤净化能力。增加土壤有机质含量、砂掺黏改良土壤，以增加和改善土壤胶体的种类和数量，增加土壤对有害物质的吸附能力和吸附量，从而减少污染物在土壤中的活性。发现、分离和培养新的微生物品种，以增强生物降解作用，提高土壤净化能力。

（6）合理利用土地，恰当进行要素的空间布局。农家生态旅游的开发，不可避免会对乡村原有的土地利用格局产生影响，但是对打着发展农家生态旅游的旗号，对农用地，特别是耕地进行占用和新一轮的宅基地扩张等行为应坚决给予处罚。农家生态旅游的土地利用，应本着最小化的原则进行，即尽量利用原有土地类型，避免土地类型发生变化；尽量减少对原有景观的破坏，如果实在无法避免，也要对景观进行修复和整治。

19. 农家生态旅游区的空气环境保护有哪些有效方法？

（1）避免引进污染严重的企业。旅游区周围要划定保护区范围，对周围污染严重的厂矿企业，或者取缔、搬迁，或者采取治理措施，为旅游区创造较好的大气环境。乡镇调整农村产业结构、进行第二产业的招商引资时，要把好项目关，不能为了创造“政绩”而给广大农户留下污染的后果。

（2）旅游区范围内要合理规划、布局。厕所、污水处理厂、垃圾集中和处理场地等，应建在游览区、体验区、野营地、交通道路和住宿农家、餐厅的全年主导风向或旅游季节主导风向的下风侧。停车场在下风侧，但应在厕所、污水处理厂、垃圾集中及处理地的上风侧，并与游览区、体验区、野营地、住宿农家、餐厅等保持相应的空间距离，以减少汽车和灰尘对大气环境的污染。餐馆等饮食服务设施应建在住宿农家、野营地、体验区和游览区的下风侧。这些布局需要在农家旅游开发之初就进行整体上、宏观上的科学规划。

（3）改变传统能源结构，采用除尘设备，减少炊烟废气污染。一方面要改进燃烧设备，使燃料充分燃烧，减少烟尘等有害物质；另一方面，对燃料要进行选择和处理，改变燃料结构。在农家旅游区，要杜绝使用燃煤锅炉与薪柴燃料，推广使用天然气、煤气和电能作为日常能源供应。对工业和生活用的锅炉，采用适当的除尘装置，减少粉尘的排放量。创造条件实行集中供热，以减少能源浪费。

（4）治理交通污染，合理分布道路，推广污染少的交通工具。公路交通，特别是车辆对空气的影响是沿道路向两边扩散的，距离道路近的地方空气污染相对严重，距离道路远的地方空气污染相对缓和。因此，在农家生态旅游点布局时，应与公路有一定距离，最好不要布局在公路沿线；绿色食品、无公害蔬菜、有机食品的生产基地应远离交通线路。同时，要求进入旅游景区的车辆必须达到国家规定的尾气排放标准，并安装除尘装置，以减少交通工具造成的大气污染。

（5）杜绝不文明建筑施工。建筑施工应严格审批，对其过程加强管理和管制，减少粉尘的污染。

20. 农家生态旅游区的生物环境保护有哪些有效方法?

（1）封山育林，加速野生植被的恢复。

（2）保护野生动物，避免对野生动物造成直接或间接伤害。

（3）造林时用造林地的原有植被，调整人工林密度，发展林下植被。

（4）对外来物种引入高度慎重，有选择地进行本地物种繁育和培养。

（5）妥善解决生物环境保护与广大农民取薪、狩猎的矛盾。

（6）加强法律意识，保护好乡村的一草一木。

21. 农家生态旅游环境保护中可用哪些科技手段辅助?

（1）使用替代能源。认真研究农村替代能源问题，提倡低污染、可循环的能源使用，是保护农家生态旅游环境的一个重要科技手段。根据我国农村的现实，可以发展使用以下替代能源：

①太阳能。目前我国农村家庭利用太阳能的主要途径为太阳能热水器，但是利用比例相对较低，经济条件较好的农村利用太阳能相对普遍一些。太阳能的利用问题，不是农民消费观念的转变问题，关键是家庭收入起着决定性作用。因此，在农家生态旅游建设的资金投入上，应注重对太阳能设备的投资建设。

②生物质能。我国农村对生物质能的主要利用途径为沼气，沼气作为农村的新型能源，与养殖业和种植业紧密结合，构成了农村经济发展的新型模式。养殖业产生的畜禽粪便通过沼气池的集中收集，在熟化过程中，经过资源转换，产生人们生活所需的能源，即沼气。沼气生产的原料需由养殖业提供，进而推动了养殖业规模的发展。沼液、沼渣为种植业提供了充足的有机肥料和生物杀虫剂，减少了化肥和农药的使用量，提高了农产品的品质，增强了农产品的市场竞争力，避免或减少了农业污染源对土壤和水体的污染。这些有机肥料的施用，增加了土壤有机质的含量，改良了土壤，培肥了土地，提高了土地的生产力。同时，又改变了土壤的输送度和透气性，增强了土壤的抗蚀能力和保水保肥能力。

③风能。

（2）加强环境监测，建立环境监测系统。

（3）发展新型农业。

22. 如何在环境监测中应用GIS技术？

GIS技术，即地理信息系统，在环境监测系统中发挥着不容忽视的作用，不仅能整合、分析过去的研究结果，还能为未来的研究方向和保护工作提供建议及对策。具体来说，GIS在监测农家生态旅游环境中的主要应用领域如下：

（1）建立稀有动物数据库。利用野外调查数据，确定野生动物的分布地点和族群量，再将这些数据及动植物基本数据输入GIS。这些数据可与其他空间性数据如植被分布图、土地利用图、土地发展趋势图等相结合。这些数据也可与同级程序结合，进行仿真模拟，以预测环境改变对这些动植物的影响，同时还可用来进行资源保护和经营管理等。

（2）生物资源调查的规划。地理信息系统可通过数据处理，将环境划分为均质（Homogeneous）的小区域，以方便研究者在每一个区域内选定观测点进行调查，并进行各区域内生物族群组成的比较研究。

（3）建立动植物分布数据库。使用GIS能建立生物分布的数据库，若能配合遥测技术所得的数据，就可得到生物所在地的状况，再借由图形数据来展现动物的分布，以提高数据可读性，并可进行深入的分析。生物资源数据库的建立，可帮助了解周围的环境状况，在资源规划、利用、生态保护、景观生态学研究、环境教育和国际交流上，都有其应用范围。

23. 农家生态旅游区的环境监测系统的建立有哪些主要步骤？

对农家生态旅游建立环境监测系统，是一项庞大的工作，仅仅依靠专门机构的专业人员远远不够，应集众人之力，共同对环境进行监测。环境监测系统的运作宜采用工作坊形式，即以专业机构为核心，取得被监测地的合作与协助，邀请相关单位、院校、机构共同参与，并将当地居民甚至旅游者吸收进来，采取座谈会、研讨会等形式，集思广益，达成共识，缩短规划与应用之间的距离，使之发挥切实的作用。建立生态旅游环境监测系统，需要三个步骤：

（1）资料搜集与整合。搜集农家生态旅游地的相关资料及环境监测相关文献，分为生物因子和非生物因子两大类。将搜集到的资料进行整合，用以规划未来各项环境因子监测的详细对象、地点、范围、时间及方式，并确定环境监测所需要的各种软、硬设备。

（2）建立环境资源的数字化监测信息系统。包括自然人文景观查询系统、观光旅游行程规划系统、旅游区深度导览系统、区内稀有动植物查询系统、农林灾害查报系统、道路测修系统等，供政府决策和执行人员、科研及教学单位、旅游者共享。

（3）完成监测系统。研究人员确定了环境因子、监测对象及方式、监测时间及区域，并设置了监测软硬件设施后，建立景观监测信息系统，在GIS、GPS及其他数字化技术的辅助下对信息系统的资料进行分析，从而发现和解决问题。

以上过程循环进行，构成一个动态系统，并以研讨会、座谈会的形式广泛听取专家意见，同时吸纳公众的参与。

24. 建立农家生态旅游区环境监测系统的目的是什么？

目的主要在于了解农家生态旅游地的现有状态，预期是否会遭到外来破坏，旅游活动是否超过其最大承载力，且在对环境过度干扰时，由专家学者判断是否加以干预，使其不会衰退，最终达到生态资源永续利用、农家生态旅游可持续发展的目的。

25. 有哪些适用于农家生态旅游的新型农业？

（1）生态农业。生态农业是以保护生态环境为前提的农业生产的一种模式。生态农业强调在尽量减少人工管理条件下进行农业生产，生态上能自我维持，低输入，经济上有生命力，保护土壤肥力和生物群体的多样性，少用或不用化肥，减少环境压力，在环境、伦理和审美方面可接受的小型农业。生态农业的基本内容是模仿自然生态系统，更多地强调人和化学能的低投入原则，把农业生态系统的平衡、衔接和保证资源环境的持续性放在首位；生态农业的核心是保证农业和社会经济的可持续发展。生态农业的基本特征是在保护生态环境的前提下发展农业生产，恢复农业自然生态系；把生物工程技术引入农业，进行战略性资源替代，最大限度地克服石油农业对农业生产造成的影响，实现农业的可持续发展。生态农业的目标是运用生态学原理和系统科学的方法，把现代科学成果与传统农业技术精华相结合建立起来，具有生态合理性、能良性循环的一种现代农业发展模式。

生态农业的最大特点是把农作物从阳光那里得到的能量和物质多次利用，循环使用，这样可以在较少的土地和较小的空间、较短的时间内，以最少的投入得到最大的产出，使排出污染环境的废物最少。生态农业的最终目标是实现可持续发展，因此生态农业是现代农业发展的重要选择。

（2）有机农业。有机农业亦称“有机耕作法”，类似的还有“有机园艺”，是总结了东方传统农业发展几千年长盛不衰的经验后提出的。它是指不使用化肥、农药，而代之以有机肥料和机械与生物防治病虫害，在生产操作上具有特定的精确标准特点的作物栽培系统。有机农业准确定义为，一种完全不用化学肥料、农药、生长调节剂、畜禽饲料添加剂等化学合成物质，也不使用基因生物工程及其产物的生产体系。其核心是建立和恢复农业生态系统的生物多样性和良性循环，以维持农业的可持续发展。其特点：一是天然性。有机农业是一种完全不用人工合成的肥料、农药、生长调节剂的农业生产体系，是实现农业可持续发展的重要途径之一；二是安全性。有机农业生产体系的产品，按照规定的程序和标准加工成的有机食品，解决了当前农产品卫生、安全、营养的消费需求。

中国有机农业发展始于20世纪80年代。中国历史悠久的传统农业所拥有地域优势和劳动力优势，为有机农业的发展提供了潜在的优势和广阔的前景。

（3）设施农业。设施农业又称设施型及无土型农业，是通过利用人工建造的设施来调节生物体生活的环境，使之最适合进行农业生产。人口的持续增长、土地资源锐减、气候异常等因素，促进了设施农业的发展。特别是像我国这样人多地少、人均占有资源稀缺的国家，设施型农业显得更为重要。现代设施农业管理可通过计算机将生态环境控制在最适合植物生长发育的水平，在寒冷地带、沙漠地带甚至在宇宙空间也能生产新鲜蔬菜，使农业能像工业那样有计划、有规模地生产。我国农业资源短缺，设施农业是高效利用有限资源的重要途径，建立在现代农业与工程科学技术基础上的设施农业将促进我国农业走持续发展之路，实现由传统农业向现代农业的跨越。

（4）生物农业。生物农业就是利用自然条件，采用多种农作物轮作肥田、天然杀虫、生物多样化等科学方法种植农作物，在不使用化肥、除草剂和杀虫剂条件下，建立农业开发管理体系，生产出接近天然植物的农产品。利用生物工程技术修复被工业废弃物污染的土壤，扩大农业的种植面积，提高土地的有效利用和经济价值，是生物农业的一项内容。生物农业发展目标是生产不含残留化学制剂、高质量的农业产品，尊重自然环境，应用先进的耕作技术，不断增加和保持土壤的肥力。其研究领域有多个方面，如新植物品种和新的有机体的特性评价与生产，扩大耕作，多样化耕作，强化生产，降低成本，以及乡村环境保护等。生物农业强调农事和园艺操作中生物、技术、经济和社会诸方面相互协调。

（5）其他适于农家生态旅游的新型农业。立体高效型农业，是多层次配置、多时序、多级质能循环利用的主体种养结构，构建高效复合生态系统。扩大对空间、时间、自然资源的有效利用，使群体光合性能有效提高，生产出高产优质的农产品。

保健型农业，以生产保健型、营养型、鲜嫩型、食疗型等食品为主的农业生产体系。培育出美味可口、营养丰富、又有疗效的农产品，如抗癌粮、富硒蔬菜、大米、防病瓜、长寿果、健脑鸡、保肝蛋等。

工艺型农业，是以生产既可以食用又具有欣赏功能给人们带来赏心悦目效果的农产品为目的的农业。如白茄子、方形西瓜、黑辣椒、球形胡萝卜、方形树、彩色棉、鹌鹑鸡、猪肉狗，水果遮光化妆水果。

26. 农家生态旅游行政管理辖区如何进行分工？

建立省（市)、县、乡、村、户五级共管的管理体制，详细内容见表7-2。

表7-2 农业生态旅游管理规范五级分工体系明细表

（蒙睿等，2005）

管理部门	管理规范内容
市级	明确发展农家生态旅游的基本思路、原则和组织实施方案；明确农家生态旅游的基本条件和管理
县级	根据当地自然、人文资源禀赋情况，制订旅游发展战略，选取适合发展农家生态旅游的项目，出台引导和规范政策
乡镇级	根据农业生产力布局和农村产业结构的现状，在上级政府的统一领导下，选择有条件、资源禀赋较好的地区，开展农业生态旅游。政策上进行扶持，并确定旅游特色和制订长期发展战略
村委级	明确经营项目、范围、旅游收费标准和经营户职责，同时对非经营户进行规范管理
经营户	对环境卫生的管理，对旅游者具体旅游活动的管理，对旅游者执行规范情况的监督

27. 农家生态旅游环境保护法律体系包括哪些层次？

农家生态旅游法律体系应包括以下几个层次：

（1）生态旅游法，是旅游法律体系中的主体法；

（2）由国务院颁发或批准，由国家旅游局颁布的条例、规定等；

（3）国家旅游局在职权范围内制定颁发的规章、制度、办法等；

（4）地方政府或地方旅游行政管理部门制定颁发的地方性生态旅游法规；

（5）我国政府签订且未作保留的有关生态旅游的国际条约、参加的宣言等。

加强法制建设是搞好旅游生态环境保护的前提和保证。目前，要在部门规章的基础上，对旅游资源不合理的开发和生态环境破坏行为进行防患和直接惩处并建立相应的法律、法规制度。要根据农家生态旅游业发展需要，紧抓已经出台的规章制度的配套、完善工作，使其具有可操作性，能够真正落实对环境和资源的保护。

28. 健全农家生态旅游认证制度应该从哪些方面着手？

针对我国国情和农家生态旅游的具体情况，需要制定出具有适用性的农家生态旅游认证标准，规范相关的认证机构。通过农家生态旅游认证这种公正公开的方式为生态旅游“正名”和“去伪存真”。

（1）农家生态旅游评价评估制度。生态旅游评估指标框架至少应包括以下 4 个方面：对当地居民和农家生态旅游资源之间联系的评估；对当地居民和旅游业之间关系的评估；旅游业和农家生态旅游资源之间关系的评估；对规划和管理有效性的评估。选择评估时应注意其是否具有相关性、实用性、可操作性、敏感性等特征。

（2）环境影响评价制度和“三同时”制度。开发新的旅游区和在旅游区内兴建新的旅游景点及旅游接待设施，必须进行环境影响评价，其废水、废气、废渣的处理处置设施和防止水土流失、植被破坏、景观破坏的措施必须与主体工程同时设计、同时施工、同时投入使用。

(3) 限期治理制度。旅游区内禁止建设污染环境的工业设施和对环境有害的项目；建设其他设施或项目，其污染物的排放不得超过国家或地方规定的排放标准；对现有的上述项目或设施，其污染物排放超过国家或地方规定的排放标准的，限期治理；逾期达不到要求的，必须依法关闭、搬迁；对进行违法违章建设的，依法追究责任。

29. 如何加强农家生态旅游区的环境执法监管？

综合执法，联合执法，严格执法。旅游区管理经验表明，强化跨部门、跨行业、跨地区协调管理力度，是实现旅游区管理健康发展的基本保证，应依据有关法律法规，赋予旅游区管委会县级人民政府职权，成立旅游区综合执法局，将公安、工商、物价、税务、城建、交通、路政、林业、环保、质检等职能由综合执法局统一行使，实施综合执法，联合执法，既可以精简机构，又符合旅游区管理的特点，与发达国家的国际通行做法相一致。

另外，地方政府和农业、旅游相关部门应认真学习有关法律、法规，并严格贯彻执行。对违法侵害自然资源者，加大执法力度，使其承担相应的民事、行政和刑事责任。合理配备执法监管人员，进行全过程监管。在执法人员配备上，要选择那些懂法律、懂政策、懂旅游、懂管理、有高度责任感的人作为执法监管的专业人员。同时在林业、农业、环保、景区、景点等部门和地区聘任一批兼职旅游执法监管员。在对生态旅游环境保护的监管上，不单是对旅游过程中环境保护的监管，更重要的是对过程前和过程后的监管。

30. 参与农家生态旅游的农户之间存在哪些博弈？

先提出几点假设：①假设两个农家乐参与者甲、乙距离较近，一方对环境的污染，另一方会在短时间内受害；②甲、乙都是理性的，能独立进行决策；③他们在没有政府约束力的情况下追求利益最大化；④他们对对方的策略和收益都了解，即他们是属于完全信息博弈，并且是静态博弈，则其对策矩阵如表 7-3 所示。

由表 7-3 可以看出，他们只有两种决策：保护和不保护。在保护时付出的成本分别是 C1、C2，不付出保护的收益为 R1、R2，显然在短期内环境改变并不明显，所以 C<R。由于他们都追求利益的最大化，所以对甲来说无论乙采取什么策略，甲的最优策略都是不保护；同理，乙的最优策略也是不保护，这样就达到了“囚徒困境”，任由环境恶化到最后，没有游客愿意到他们家参观吃饭，导致失去这方面的经济收入。

表 7-3 参与农户家意见博弈的对策矩阵

（刘伟伟等，2009）

		农户乙	
农	对策	保护	不保护
户	保护	−C1，−C2	−C1，R2
甲	不保护	R1，−C2	R1，R2

但实际上农户甲、乙之间属于“斗鸡博弈”，因为甲乙之间经济实力相当，假定都有治理污染的能力，并且环境污染对他们收入的影响也是相差无几，但如果都不治理，其收入在一段时间内的降幅是很大的。所以当一方坚持不治理时另一方必须治理，双方都治理的情况可能性不大，正因为双方的不情愿性所以环境的治理也不会彻底。正因为这种博弈是不合作的，我们只要改变他们的不合作状态，即使其结成环境保护联盟，就可以避免环境

的进一步污染。这就需要政府激励他们治理环境的积极性，鼓励环保合作。

31. 参与农家生态旅游的农户与非参与农户之间存在哪些博弈？

由于这种生态旅游是一种新兴产业，不一定被所有农户所接受，所以有很多农户仍愿意以原始的农业养家，但这时参与农户的污染就会影响到他们的正常生产生活。我们假设甲为参与的农户、乙为不参与的农户；并且在乙的居住地范围内只有甲一家参与农户，所以环境恶化的速度会比两家同时污染的情况慢，也就是说甲在不治理的情况下在较长的时间才能体会到经济收益的下降；乙是甲污染的受害者；同样在没有政府约束力的情况下；并且先有甲的行为才能引出乙的策略；所以他们之间博弈属于完全信息动态博弈，同样假设他们是理性的、独立的。用博弈树表示他们的博弈如图 7-1 所示：

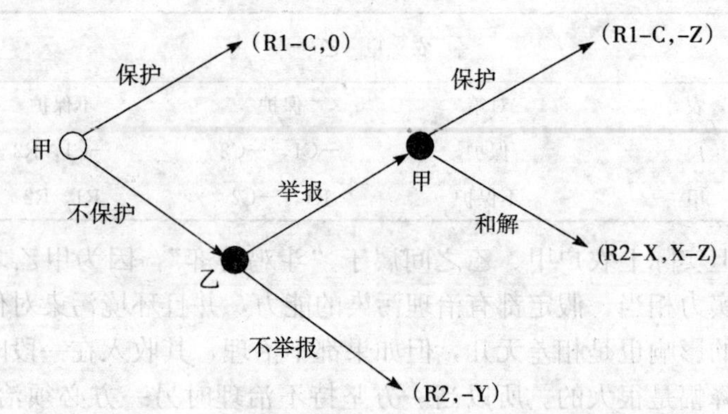

图 7-1　参与农户甲与不参与农户乙之间的博弈树

（刘伟伟等，2009）

图中 R1 表示甲在环境状况良好时的收益，R2 表示在环境恶化情况下的收益，可见 R1>R2，但 R1-R2<C，C 表示甲保护环境要付出的成本，Y 表示乙不举报所受的损失，X 表示甲用私下和解的策略要付给乙的钱，当然一般 X<C，Z 表示乙采取举报策略付出的代价。可以看出在此博弈中他们之间达到纳什均衡时：乙用举报策略、甲用和解策略，但是如此下来还是环境的恶化，随着环境的恶化甲的生意也就做不成，乙也会一直受环境污染的困扰。在此情况下，从某一方面来看，这又属于一种合作博弈，但在此博弈中，如果政府采取一定的监督处罚措施，和解的方式即可杜绝。

32. 当地政府与参与农家生态旅游的农户间存在哪些博弈?

因为在农村地区环保意识比较差，所以往往有很多地方政府为了自己的财政收入，而把环境抛到脑后，对一些污染不管不顾。我们假设某地方政府甲和参与农家生态旅游的农户乙之间的博弈，首先他们都是理性并且追求经济利润最大化的，其次，他们对对方的策略都不知晓，这种博弈也是不完全信息动态博弈，博弈树如图 7-2 所示：

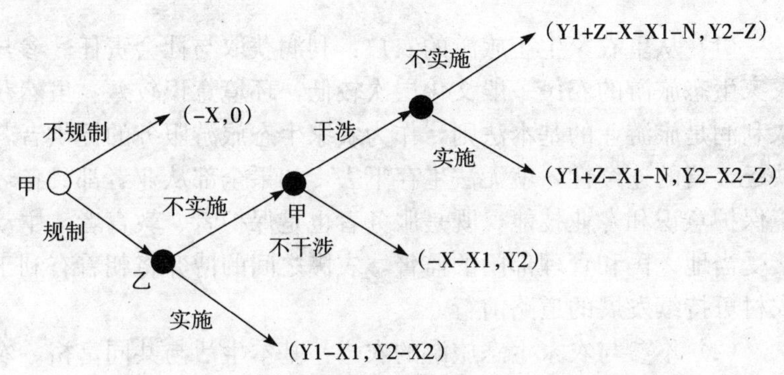

图 7-2　当地政府甲与参与农户乙之间的博弈树

（刘伟伟等，2009）

图中X代表政府不进行规制带来的负面效益，如污染带来的政府声誉的损失等，X1表示规制的成本，X2表示农户治理污染需要的成本，Y1表示政府规制后带来政府的正面效益，Y2表示农户在正常情况下的收益，Z是指农户不实施时政府对其的罚款，N表示政府干涉时要花费的成本。

对于该博弈，从实际情况用数据假设来评估政府和农户的收益如下：设政府规制需花费的成本为－5万元，规制后环境变好带来的间接收益为7万元，不规制因环境恶化引起的间接收益为－8万元，但该间接的收益当地政府不能一下子体会到，所以需要上级政府的引导，当农户不执行政府进行干预所需要的成本为－0.3万元；农户参与农家乐旅游带来的收益为2万元，遵守政策治理污染的成本为－0.5万元，从上文中分析的农户间的斗鸡博弈可得出：在博弈中总有农户会治理污染，也就是只要当地政府进行了规制就一定会收到正的环境效益，政府都可以获得7万元的间接收益，农户不执行要缴纳罚款为0.5万元。

33. 农家生态旅游环境保护可持续发展的有效措施有哪些?

（1）从事农家生态旅游的农户：利润获取与社会责任。参与农家生态旅游的农民一般文化层次较低，环境意识较差。虽然获取利润是旅游业的基本法则，作为农家生态旅游服务的提供者若缺乏经营的连续性，就无法生存下去，如果全部从业者都具备环境保护意识和专业技能，既是服务者也是保护者、教育者，主动接受当地人民和管理部门的监督，农民之间的博弈将朝着有利于农村可持续发展的道路前行。

（2）不参与农家生态旅游的农户：基本生活与共同富裕。农家生态旅游依存的不仅是农村的田园风光，还有呈现的农村特有的生活方式，锄草、耕种、饲养家畜等农事活动，这些活动不能在农家乐旅游中直接受益，但是这种生机勃勃的农村性，是支持农家生态旅游发展的基础，而且农家生态旅游业的发展或多或少都要破坏环境，影响其他农民的生活，所以不参与农家生态旅游的农户理应接受利益的再分配。

（3）农家生态旅游者：旅游满足与行为约束。旅游者在一个环境优美农村，其行为自然会受到一定的感染，但是旅游者更多的还是需要行为的约束。从一味强调自利的、短期的感官满足，提高到具有责任感的、长期的、文化的满足。旅游者在旅游地由于已经支付了金钱、时间、体力等成本，如若不能使其得到应有的旅游满足，就不能使其很好地遵循严格的行为规范和自我约束。

（4）农家生态旅游地的地方政府：经济发展与环境束缚。新农村建设如火如荼地进行，全国大环境下的农村发展无疑给各个地方政府提出了很高的要求，但是经济超前发展无疑对环境的影响是严重的。通过以上的博弈分析可以看出，政府既是政策的制定者也是实施者，既有很大的主动性，也有不少的盲目性，所以对于地方政府也要加强监督管理，促使其充分发挥主动性。经济发展和环境保护现在还是相互矛盾的过程，根据目前发展的形式看，有限的污染与经济的快速发展才是勉强可以实施的政策。

（5）农家生态旅游地的上级政府：资金支持与积极引导。目前农村共同存在的问题，如布局混乱、基础设施差需要上级政府加大资金的支持。与此同时，上级政府还担负着对地方政府的监督和鼓励教育的重担，提高地方政府的环保意识，从而加强规划布局的合理性、提升进入农村企业的环保门槛和减少地方政府在环境管理中的时效性。总之，由于地方政府的惰性，地方的环保工作仍需要上级政府的积极引导。

34. 环境教育的内涵是什么?

归纳起来，环境教育的内涵主要有“学科说”、“过程说”和

“手段说”。“学科说”从学科属性的视角论述环境教育的含义，将环境教育作为一门教育科学。“过程说”认为，环境教育价值的实现是一个漫长的渐进过程。“手段说”认为，“环境教育是达到环境保护目的的一种途径”。这三种观点都蕴含了环境教育的目标，即唤醒人们的环境意识与关怀，使人们理解与环境相关的问题，协助人们掌握解决环境问题的知识和技能，并使人们以合理的态度、知识及技术处理现存的环境问题及预防环境新问题的发生，确立合理的环境价值观和环境伦理观。

综合而言，环境教育是一种旨在提高人们处理其与环境相互依存关系能力的教育活动。具体来讲，环境教育从人与环境相互依存的关系出发，通过对受教育者实施环境知识、环境问题等方面的教育，促进受教育者的环境意识、环境心理，培养其解决环境问题的知识和技能，树立正确的环境价值观与伦理观，为实现人类与环境的和谐发展提供各种帮助。

35. 农家生态旅游与环境教育之间存在什么关系？

生态旅游与环境教育两者紧密联系，相互作用。环境教育是生态旅游独具的特征，没有环境教育的旅游不能称其为生态旅游。虽然环境教育在学校、社区等许多地方都能实施，但这种教育是与外部环境相隔离的，缺乏真实感。而在生态旅游中开展的环境教育，其效用是最大的，是学校教育所无法比拟的。

农家生态旅游作为生态旅游的类型之一，是一种亲近自然的旅游，在与大自然亲密的接触中，可唤起旅游者的绿色激情、绿色愉悦和绿色思考。如果适时开展环境教育，必将进一步强化旅游者享受自然、热爱自然的意识，使保护自然成为自觉的行动。

如何保证农家生态旅游活动的长期健康发展，环境保护教育和生态知识普及成为农家生态旅游的核心内容。具体来说，它包含两方面的内容：一是回归大自然，即到乡村自然生态环境中领略和享受清新、静谧、轻松、舒畅的和谐气氛，探索、认识自然奥秘，增进健康，陶冶情操，接受环境教育；二是对自然生态环境的促进作用，无论旅游者，还是农户经营者都应当在保护生态环境方面作出贡献。

36. 我国农家生态旅游中环境教育的现状是怎样的？

（1）对农家生态旅游与环境教育的认识模糊。目前，人们对生态旅游的认识尚很模糊，仅仅将其作为一个口号，人云亦云，并不理解生态旅游的真正内涵。

我国生态旅游实践远远走在理论研究的前面，环境保护与利用的矛盾越来越突出。缺少理论指导的行动通常是盲目的，有相当多的人认为，农家生态旅游就是在农家吃、住、玩，去参观、去体验，因而破坏植被、乱扔垃圾、生态旅游开发过度，参与人数过多的现象令人忧心。一些地区急功近利，盲目发展农家生态旅游，导致珍贵的旅游资源被损害，生态系统严重失调。也有的打着农家生态旅游的幌子牟取经济利益，给生态环境带来了更严重的危害。有一部分人简单地认为环境教育就是关注沙尘暴，防止化工厂和汽车尾气污染等等环境保护的初级层面。

（2）缺乏统一规划，管理体制不完善。目前，我国农家生态旅游尚缺乏统一规划，农家生态旅游开发尚没有统一标准，没有一支高水平的专业队伍，不规划就盲目开发的情况屡见不鲜，造成许多不可再生的乡村生态旅游资源受到损害。管理体制不健全也是导致乡村生态旅游资源受到损害的重要原因。管理部门众多，管理机制不健全，阻碍了生态环境保护的可持续发展。

（3）环境教育与农家生态旅游相脱节。在我国，生态旅游与环境教育似乎是毫不相干的两个词，环境教育远没有成为生态旅游的核心内容。在国外，生态旅游规划中大都含有环境教育的内容，而我国的环境教育仅偶尔在某些“生态环境保护规划”或“旅游者管理”等被提及，至于环境教育的设施、人员保障和内容等基本处于缺失状态。

此外，旅游者、旅游管理者，以及农家生态旅游地区（尤其是老、少、边、穷地区）居民综合素质不高也在一定程度上影响了农家生态旅游中环境教育的实施。

37. 我国农家生态旅游中环境教育存在什么问题?

（1）相关政策法规调控约束不力。在政策法规调控约束方面，存在着“重学校环境教育，轻社会环境教育”的失衡现象。现实情况是，国家对学校环境教育进行了一定的政策制定和制度安排，使学校环境教育获得了一定的法律地位和政策支持，取得了一定的教育效果。然而，对于社会环境教育，特别是以生态旅游活动为媒介的生态旅游环境教育，则没有通过相应的政策和制度途径来使其成为生态旅游开发者及经营管理者的法定或约定义务，以致上述负有环境教育义务的主体对开展环境教育缺乏应有的压力和动力，其积极性和主动性难以被调动。

（2）经费来源无可靠保障。上述政策法规调控约束的不力又进一步影响到农家生态旅游环境教育实施中的经费来源保障。由于没有对经费的来源作出刚性的规定，也没有对经费安排作出弹性的指导，环境教育经费的来源就只能依靠单位领导或决策层的生态自觉和生态意识这一非常不确定的因素。结果，农家生态旅游普遍缺乏专门的、足够的经费用于环境教育设施的建设和人员的培训。

（3）缺乏对环境教育内容、形式的系统规划。从中外环境教育的实践和研究成果来看，完整意义的环境教育应包括环境知识、环境问题、环境审美、环境伦理、环境法律、环境安全、环境行为等一系列内容。然而，现实中，绝大多数的农家生态旅游区对环境教育的内容和形式缺乏系统的认知，对生态旅游者的环境教育往往仅停留在教育生态旅游者如何正确处理随手垃圾的层次上，且教育形式也只限于路边的指示牌提醒，或偶尔伴有经营农户的口头提醒，没有形成系统的、科学的旅游区环境教育解说系统，导致环境教育的层次低、效果差。

（4）缺乏对旅游者环境行为的有效监控和干预。农家生态旅游环境教育应以农家生态旅游者在旅游过程中的生态化旅游行为（资源节约型和环境友好型环境行为）之付出为外在行为目标。为达此目的，要求对旅游者的环境知识、环保技能等的传授与对其行为的引导和监控同步进行，特别是对旅游者的问题行为及时进行提醒和劝阻，以防止危害结果的发生。现实中，环境教育主体对客体环境行为监控和干预的“不作为”而放任自流的现象普遍存在——部分旅游者制造“垃圾文化”、造成“白色污染”等与此不无关联。

（5）缺乏多元教育主体的联动和广泛的社会参与。生态旅游环境教育是一种全程教育，应该贯穿到农家生态旅游活动的各个环节。与旅游六大要素“食住行游购娱”相关的组织，如旅行社、旅游区、农户、饭店等均应成为环境教育的主体，都有结合服务或产品进行“游中”环境教育的义务。现实中，旅行社、旅游区对环境教育尚有一定的“作为”，而其他组织和个人则往往淡出环境教育的视野，没有表现出应有的“作为”。此外，旅游企事业单位之外的其他多元主体（如科研机构、大众传播媒体等）对“游前”和“游后”环境教育参与的广度和深度均不够，尚没有发挥其应有的环境教育作用。

（6）相关学术研究严重匮乏。农家生态旅游环境教育需要教育学、心理学等相关科研成果的理论指导，以达到最优化的教育效果。然而，现实情况是，国内外针对生态旅游环境教育课题的学术研究异常匮乏，国内情况更甚。

38. 解决目前我国农家生态旅游环境教育问题有哪些行之有效的对策？

（1）建立和完善政策法规调控约束机制。在《生态旅游认证标准》、《旅游规划通则》、《星级饭店评定标准》、《旅行社星级评定标准》等具有政策法规性质的文件中，增加有关环境教育设施建设及环境教育活动的内容，对环境教育指标及权重做出刚性的规定，并制订详细的实施细则，强制性地运用于各项评定和评审工作中。如，对于旅游规划评审，可在条件成熟时制订专门的《生态旅游规划通则》，规定农家生态旅游环境教育专项规划的制作范式并要求编制该专项规划。通过政策导向和制度安排等政府行为来加强对农家生态旅游环境教育工作的调控和监管，使相关行为主体在法定或约定义务的驱使下，提高对农家生态旅游环境教育投入的积极性并提高相关工作的效率。

（2）提供多元化的经费保障。上述政策法规调控约束机制的建立和完善确立了环境教育的法律地位，可在一定程度上为农家生态旅游环境教育的经费来源提供保障。同时，为拓宽经费来源的渠道，建立和完善环境教育税征收机制和民间环境教育慈善捐赠机制也不失为一良策。可以预见，民间对环境教育的慈善捐赠一旦成为新的社会风尚，便可为生态旅游环境教育经费短缺的缓解开辟新的途径。

（3）对环境教育内容和形式进行系统规划。首先，在农家生态旅游环境教育内容的确定上，可参考国际上农家生态旅游环境教育内容安排的通行做法，吸收国内外学者相关的研究成果，并注重结合中国特色和农家生态旅游区的环境问题特点、资源和生态系统特色以及传统生态文化特色，在多方论证和广泛听证的基础上，去粗取精，去伪存真，选择安排具有鲜明地域特色的环境教育内容。其次，在教育形式上，要完善农家生态旅游环境解说系统。

（4）对生态旅游者环境行为实施监控和奖惩。环境教育应与环境行为高度关联，以生态化环境行为之付出为行为目标。为达此目标，有必要建立对旅游者环境行为的监控和奖惩机制。一方面，根据景区环境特点和游客的行为特点，设立必要的监控点，配置必要的监控设施，安排必要的监控人员，对旅游者的环境行为进行及时的提醒和劝阻，防止危害行为的发生。另一方面，对旅游者的环境行为进行评比，对环境友好型行为主体给予表彰和奖励，对问题行为主体给予批评和罚款，通过正强化和负强化使旅游者的环境行为得到优化，生态意识得到增强。

（5）鼓励多元教育主体的联动并吸引其他社会力量的广泛参与。农家生态旅游环境教育是个系统工程。广义的生态旅游环境教育包括“游前”教育、“游中”教育和“游后”教育。当然，一般以旅游区和经营者的“游中”教育为主。

同时，景区和旅行社也可尝试将“业内环境教育”前置为“社区环境教育”，进行“游前”教育，即组织人员到学校、社区对潜在的农家生态旅游者（包括已从事过农家生态旅游活动的人员）提前进行环境教育，以培育农家生态旅游客源市场。此外，社会参与色彩浓厚的“游前”教育和“游后”教育，更需要旅游政策的制定者、旅游法规的执行者、旅游科学的研究者、旅游用品的提供者、大众传播媒体、非政府组织、志愿者等多元主体的参与和联动。

（6）为农家生态旅游环境教育提供坚实的科研保障。生态旅游环境教育有其自身的特点和规律，生态旅游环境教育的实践活动有赖于相关理论研究的推动和指导。因此，必须通过政府鼓励、学科建设、学术研讨、企业支持、社会赞助等多种渠道，推动生态旅游环境教育的科研保障机制的建立。要组织多学科背景的研究人员就生态旅游环境教育的理论问题进行系统的研究。现阶段，要重点加强对旅游区所在地域传统环境伦理文化的挖掘和外化、生态旅游环境教育与学校环境教育的对接以及生态旅游环境教育与其他社会环境教育对接等问题的研究，以指导当前的农家生态旅游环境教育实践，提高环境教育的科学性和实效性，减少盲目性。

39. 农家生态旅游中环境教育的实现，该如何做好产品设计？

农家生态旅游在让游客观赏乡村风光的同时，还要让旅游者更多地了解自然，了解乡村，丰富科学知识，这是农家生态旅游应有的科学文化内涵。在农家生态旅游的吃、住、行、游、娱、购六大类产品的开发设计中都强调贯彻环保性原则，将生态环境教育贯穿于生态旅游活动的始终。

生态旅游不仅在客观上体现出教育功能，产生教育效果，在主观上它是借助于环境教育设施和旅游项目，经过周密的设计而进行的一种自觉教育活动。以环境教育为主题的旅游产品能以准确的环境保护知识主线和丰富的外延内容达到传递知识和环境教育的目的，实现寓教于游，由于目的性、系统性强而深受关注。农家生态旅游开发经营与管理者应明确教育方向和教育内容，要结合旅游区内自然资源和自然环境，通过寓教于游、寓教于乐等多种形式开展以环境教育为主题的农家生态旅游活动。

40. 农家生态旅游中环境教育的实现，应如何做好宣传教育？

旅游资源的保护首要解决的是广大民众对旅游资源与环境保护意识问题，让民众了解旅游资源是千百年自然造化和人类文化遗产的精髓。通过各种媒体广泛深入宣传生态环境保护，宣传旅游资源的价值，宣传旅游资源与环境保护的知识，提高全民素质，使宝贵的旅游资源与环境免遭无知的摧残；转变资源环境观念，让“保护资源环境，发展生态旅游，资源环境有价值”的观念深入人心，使生态旅游利益相关者，特别是各级领导干部和旅游开发者及当地居民切实认识到，优良的自然生态与独特的文化生态对旅游区经济发展和环境教育具有不同寻常的意义和作用。

旅游者是旅游活动的主体，应让他们通过生态旅游，了解生态旅游的意义和生态环境的价值，形成环境保护意识和责任感，获得所需的新技能，以保护生态环境。旅游者对生态旅游的认知大多通过报纸、旅游杂志和电视等各种媒介，因此，对旅游者，应将环境教育在旅游过程之前进行，并贯穿于旅游的全过程。

农家生态旅游经营管理与服务人员在生态旅游环境教育功能发挥中扮演着重要的角色，需要通过大众传播媒介、出版物、研讨会、讲座、展览、媒体与个人间的沟通等方法与渠道，让他们了解保护生态环境的意义，认识生态环境资源的科学、艺术、历史文化、审美等价值，增强环境保护的知识与技能，加强环境保护的责任感和使命感，从而使他们在生态旅游环境教育功能实现过程中，成为一支支持的力量而不是阻力。为了发挥示范作用，就必须先提高当地居民对于生态环境保护的认识，及对生态环境的理解和尊重，使他们了解生态环境保护的法律法规、价值和保护知识等，从而改变对环境不利的行为。

41. 在农家生态旅游中环境管理的重要内容包括哪些方面?

主要有：环境规划设计、废弃物最小化管理、水环境污染管理、噪音污染控制、容量管理等。涉及的几项关键技术如规划设计、环境容量控制、环境影响评估、功能分区、环境保护措施实施等。科学的农家生态旅游发展规划，要求规划人员对旅游区的生态系统进行深刻而细致的认识，充分考虑生态系统内各要素的整体性和相互联系，加强环境影响评价和环境容量研究。

八、农家生态旅游前景与趋势

1. 现阶段农家生态旅游存在哪些不足之处?

（1）对农家生态旅游的内涵认识不足。许多经营者误以为农家旅游就是到农村观光，因而不珍惜宝贵的自然资源和农村特色，大兴土木，甚至变更土地用途，建园造景。开发经营者过分重视了经济发展，忽视了文化层面，开发前缺少可行性研究和合理的规划，造成乡村旅游地逐渐城镇化，不重视对农村文化内涵的深入挖掘，使农村特色大打折扣。

（2）开发模式单一，缺乏特色。经营者对农家生态旅游的理解过于狭隘。部分的农家生态旅游只是以餐饮为主，大多数游客只进行玩牌、卡拉 OK、聊天等，缺乏体验、休闲项目；还有部分农家生态旅游仅仅停留在观光、采摘和垂钓等项目上，以满足游客的物质需求为主，缺乏精神需求和氛围。这些都没有体现出农家生态旅游的内涵。

（3）缺乏科学合理的农家生态旅游发展规划（盲目开发）。一些地方在发展农家生态旅游时，没有将农村旅游资源的开发纳入区域旅游开发的大系统，进行统筹安排，全面规划。而是任由经营者进行盲目的投资与开发，个别地方甚至出现了遍地开花和重复建设的现象，导致资源开发的形式单一、水平不高、档次低下、特色不强，从而缺乏对客源市场的吸引力，难以形成集聚效应和规模效应。

（4）基础设施不健全，卫生条件差。部分农村的建设基本上停留在自然的状态，缺乏统一规划和要求，因此街道、道路标识牌等方面存在的问题，导致旅游者在有些地区因看不到路标而找不到目的地，也有些地方驾车行走艰难。其次，乡村的客房卫生条件差，尤其是厨房和厕所的卫生条件与国家标准相差甚远。

(5) 快速发展与环境保护不同步。在利益面前，经营者往往忽视了旅游业对资源与环境造成的恶性破坏，忽视了对资源与环境的保护。农家生态旅游的快速发展带来了较大的污染源，又加上环保措施不健全，区域环境问题日趋严重。

(6) 管理人才欠缺。农家生态旅游接待点的管理队伍水平参差不齐，缺乏高水平的管理人才和经营人才，一般从业人员也因为缺乏培训而服务不规范、不到位，标准不统一，相关部门对行业的管理指导还没有完全到位。

(7) 开发深度不够。目前，农家生态旅游产品普遍偏重外部条件的建设，从而忽视对农家乐村野文化内涵的挖掘，导致了"农"韵和"野"味不足。

2. 农家生态旅游发展应该从哪些方面寻找机遇？

(1) 农业结构优化，与"三农"目标相结合；

(2) 加强以特色性为核心的地方性，突出重点和亮点；

(3) 挖掘以真实性为灵魂的文化性，体验淳朴的乡村民俗和复古的乡村遗迹；

(4) 基础设施更完善；

(5) 在发展农家生态旅游的同时注重环境保护；

(6) 加强开发的深度。

3. 经营者如何在保证农业与旅游业紧密结合的同时，调整优化农业产业结构？

旅游业是一项综合性产业，许多地区的农家生态旅游开发实践表明：旅游业是贫困地区优化产业结构、促进经济迅猛发展、改变贫穷落后面貌的有效手段。旅游业是关联性很强的综合性产业，涉及吃、住、行、游、购、娱等多个方面。一个景区的成功开发，可以带动当地餐饮住宿业、交通运输业、商业、娱乐业等行业的快速发展，有效促进贫困地区农村产业结构的调整优化，从而使贫困地区农民摆脱对土地与农业的依赖，发挥剩余劳动力的作用。

在中国，农村地域范围广，资源类型多样，总量巨大，绝大多数农村产业没能充分利用本地区的资源，产业结构与资源结构不配套，生产率低，浪费严重。所以，发展资源节约型、环境友好型产业已经成为促进农业可持续发展的必然选择。农家生态旅游的发展应该要按照现代农业发展的要求，将现有农业资源进行整合、优化、拓展和提升，实行区域化布局、设施化种养、规模化经营、标准化生产、特色化操作、功能化配置、企业化管理、市场化营销。这样做既优化了农业资源要素，提高了农业土地集约利用水平，又拓展了农业发展功能，提升了农业产业发展层次，从而增强了农业产业市场竞争能力，推动现代农业发展。而农业的发展必将推动农家生态旅游的发展。其实，自从农家生态旅游开展以来，传统的种植结构就受到了强烈的冲击，新的市场需求带动了相关产业的发展，因此产业结构得到了合理调整，新的销售方式也就应运而生。

4. 在实际操作中，农家生态旅游的发展如何与“三农”目标相结合？

这是今后农家生态旅游发展的基本方向。发展农家生态旅游是一个很好的切入点，可以用来解决农村、农民、农业问题，推动小康社会目标的实现。我国许多地区都在强化农家生态旅游的这种功能，如四川省成都市近期重点打造农家生态旅游“五朵金花”：幸福梅林、花香农居、江家菜地、东篱菊园、荷塘月色，通过发展观梅、观花、观菊，发展菜园、荷池等手段，吸引城市居民前往观光、休闲、娱乐，使“五朵金花”成为该地区农家生态旅游的重要示范点。农民通过租金、薪金、股金、保障金四重收入，获得较大的利益。不仅如此，农家生态旅游还可以增加大量就业机会。农民不再需要“背井离乡、抛家舍业”地远赴城里务工，在家就可获得就业的机会，这对缓解城市就业压力、解决农民工就业、增加农民收入等都有着积极作用。

5. 如何突出重点和亮点，发展个性化农家生态旅游?

农家生态旅游在同一个地区不能一哄而上。如果以数量增长代替质量增长，会导致农家生态旅游迅速泛化，产品同质化。当前最重要的就是制定发展规划，筛选出本区、本省的重点、亮点和示范点，发展个性化农家生态旅游。旅游地的品牌形象是旅游地特色的体现。只有特色鲜明的旅游地才能吸引游客的目光。比如丽江古城的品牌形象是家家流水、户户垂柳的高原明珠；九寨沟以“人间天堂，水的世界”为品牌在旅游市场上大放异彩。农家生态旅游地的开发也同样要注重对品牌形象的塑造，避免给人“千村一面”之感。如安徽省黄山市的西递宏村以“牛形”村落闻名。农家生态旅游产品开发时要充分挖掘这些特色的资源，树立旅游地的品牌形象，形成“一村一面”，错位发展，彰显个性，才能在旅游市场上占有一席之地。

6. 应该如何使农家生态旅游的基础设施更完善?

基础设施的建设对于农家生态旅游的可持续发展以及农村本身的发展都是必要的。例如：近年来，北京市旅游局会同市农业委员会、科学技术委员会、园林绿化局、林业局等相关单位，就提高乡村旅游可进入性、改善农村生态旅游的生态环境、营造农村生态旅游特色景观、丰富农村生态旅游产品体系等问题，开展了卓有成效的工作，农村生态旅游基础设施渐趋完善。

7. 在发展农家生态旅游的同时，应怎样做好环境保护工作?

很多时候农家生态旅游的经营者为了利益往往牺牲了生态环境，破坏了原有的生态，更造成了环境污染。这样做并不利于农家生态旅游的可持续发展，所以在发展旅游的同时更应该保护生态环境。政府必须在农家生态旅游开发中发挥主导作用，做好农家生态旅游发展规划。一是要把农村旅游资源的开发纳入区域开发的大系统中，科学规划、合理布局，充分考虑到当地旅游市场的需求、规模和发展趋势，量力而行，避免盲目投资与开发，保护好农村特有的农业生态环境，使自然资源得到充分利用。二是要在农家生态旅游开发前期，以及开发、经营过程中做好环境影响评价和环境监测工作。环境影响评价的重点是乡村旅游对自然资源、生态环境的影响评价，特别是生态承载力和旅游容量的评价。旅游业虽被称为“无烟产业”，但其经营同样可以造成污染。农家生态旅游区内的生态环境更加脆弱，游人、旅游设施大批涌现，污染物增多更易破坏生态平衡。对大气、水体、土壤进行长期的环境监测，以判断乡村环境质量是否符合有关规定。

8. 农家生态旅游环境保护工作中应遵循什么原则?

(1) 保护性原则。由于农村人文资源的稀缺性和脆弱性，在旅游开发和建设中对资源应以利用为主，谨慎开发，坚持“少即是多”的原则。在旅游开发时要尽量保持旅游资源的原始性和真实性，不仅保护大自然的原生韵味，而且要保护当地特有的传统文化，避免因开发造成“文化污染”。各农家生态旅游热点区域应建立环境监测网络，监测范围主要包括重要景点保护区、分散游览区等。内容涉及动植物生长繁殖情况，大气、水体及土壤污染的潜在危险及地质灾害等情况。

（2）承载力控制原则。即把旅游开发和利用的强度、游客进入的数量控制在资源及环境的自然与文化的“生态承载力”范围内。农家生态旅游的发展符合当地社会道德规范，必须考虑当地旅游承载力，使旅游活动的开展不至于与当地道德、习俗、宗教信仰、文化传统、生活方式等冲突，如在特色景点要对游客流量进行严格管理，以提高门票价格或限量售票形式，力争把游客量控制在生态环境承载力、社会承载力、设施承载力范围之内。一则保证游人最佳观赏效果，二则防止游人过多导致果树采摘过度、草地枯死、土壤板结现象的出现，避免破坏旅游生态，使农家生态旅游健康、可持续发展。

（3）社区居民参与原则。保护和巩固地方特有的民族文化旅游资源的吸引力；在让社区居民从旅游中收益、实现旅游扶贫功能的同时，使其具有更加自觉保护的动力。

（4）资源和资源有价原则。应该贯彻“旅游开发，资源有价”的原则，只有充分认识“资源有价”，开发者、管理者、旅游者才能更自觉地去保护它；只有有偿使用资源，使资源在被使用时获得效益，才能使资源的保护有经济支撑，才能减少粗放的、破坏性的开发，避免低水平开发和低水平管理带来的对资源的破坏。

9. 如何加强农家生态旅游开发的深度？

（1）农家生态旅游产品的开发经营者眼光不能只停留在“吃农家饭、住农家屋”等浅层次旅游产品上，要独具慧眼，认识到农村文化资源的可贵及可开发内容的丰富性，例如山林草地、田园阡陌、金黄麦浪、农舍炊烟等风景。结合自身特点，全方位、多层次地挖掘乡村文化内涵，深层次地开发农家生态旅游产品，树立旅游地的品牌形象，增强旅游业发展的优势与竞争力。例如：现阶段的“栾川模式”（国家旅游局的资深专家将栾川旅游业迅速崛起的成功经验总结为“栾川模式”）是在农家生态旅游业发展初期的一个典型。但是农家生态旅游在经历了初期的浅层次大众旅游之后又进入了一个发展的瓶颈，游人如织的背后所带来的是生态环境的破坏，利润低下，景区勉强能够维持日常经营开支。如何在保护旅游地资源不被破坏的前提下，对农村旅游资源进行深层次开发，并使游客能在最大限度地收获愉悦感和满足感的同时，促进农家生态旅游的长足发展，是我国目前绝大多数农家生态旅游所面临的亟待解决的问题，如栾川的龙峪湾国家级森林公园，已被打造成我国一流的以森林氧吧为卖点的生态旅游胜地、山水休闲乐园。原始的山水旅游必须完成从游憩方式、旅游产品、游线结构、文化包装等各方面的产业升级。如，在万亩日本落叶松林中策划可参与性项目：森林氧吧、滑道游乐、林地漫步、林地野营体验、树屋别苑、林中逮猎、森林高空体验、森林游艺园、旱莲观赏园、红桦林浪漫满屋氧吧、山泉浴场氧吧、特色美食苑、森林科普游憩、天籁之音等。

（2）传统和当前的一些农家生态旅游产品一般都只有白天的活动内容，而随着乡村社区、乡村度假、乡村俱乐部等新型农家生态旅游产品的创新和开发，游客滞留于农村过夜的现象日益增多，这也使得旅游者对农村晚间休闲娱乐活动的需求日益增加。虽然目前农家生态旅游产品中也增加了篝火晚会、农村夜游等晚间活动内容，但总体来说仍属于低层次的休闲娱乐活动。所以农家生态旅游产品需要加强开发深度，如增加晚间休闲、娱乐性的产品，缓解当前农村晚间活动缺乏和单一的状况，满足游客的乡村夜游、晚间休闲的多样性需求。

10. 我国农家生态旅游今后应重点发展哪些方面？

可以预见，我国农家生态旅游要走的路还很长。在总结现阶段农家生态旅游发展经验的同时，结合我国农家生态旅游发展特点、问题与趋势，应从以下几个方面入手来发展我国的农家生态旅游。

（1）在发展主流形态上，将以"民宿"为主体的乡村休闲度假作为农家生态旅游的重要替代形式。

休闲度假旅游是建立在旅游基础上的行为情趣，游客通过身体放松、竞技活动、艺术欣赏、科学好奇心和接触大自然等方式，获得一种愉悦的心理体验和精神满足，产生美好感，实现人们学习知识、增进友谊、促进沟通、保健娱乐、追求猎奇、丰富个性等多方面的需求。同时，休闲度假旅游还强调人与大自然和谐相处，增强人们爱护、保护自然的意识。因此，休闲度假旅游有着与传统的观光旅游不同的意义。到目前为止，我国的旅游形式仍处在以观光为主，兼有其他旅游形式的发展阶段。随着我国旅游行业的不断发展和完善，人民群众生活水平的不断提高，以及越来越多消费者旅游经验的不断丰富，人们对旅游的认识也在不断提高，未来我国旅游市场的竞争最终将是休闲度假旅游产品的竞争。

（2）在产业组织上，整合农村分散自发的农家生态旅游形式，重点以发展基地型和规模化的农家生态旅游为发展典型。

我国农家生态旅游发展较早的成都和北京郊区，是走连横合纵的发展道路。中国农家乐发源地成都，其龙泉驿区通过产业结构的调整，打破一家一户的经营模式，使乡村果树迅速大片成林，众多的农家生态旅游成为既相互竞争，又相互协作的一个松散集合体。鉴于此，我国农家生态旅游的发展需要突破原有的思维模式，通过一定的方式改变土地分散化和农户个体经营模式，实现农家生态旅游规模化和经营管理的统一化。

（3）在产品特色上，通过整合挖掘农村地方文化，结合现代经营理念，在保证乡土文化本土化、真实性的基础上，实现经营特色的突破。历史文化、民俗文化和农耕文化是农村旅游的核心文化资源，对旅游者有着巨大的吸引力。我国的农家生态旅游不能只停留在观赏、采摘的表象繁荣上，必须走与文化旅游相结合的道路。因此，农家生态旅游开发应在深度挖掘民俗文化、农耕文化、民间技艺等反映农村本土文化上下工夫，这样才能既满足旅游者对文化的需求，同时也提升农村旅游产品的文化品位。

（4）在发展模式上，强调主题性的发展。文化差异是产生旅游吸引力的源泉，是保持永久竞争力的关键。主题文化之所以成为旅游发展的潮流，也就在于它的本质是特色文化。文化的雅与俗、新与旧、中与西，与主题文化的吸引力和产品的价格毫无关系，关键在于文化的独特性、惟一性和对口性。

11. 主题文化对农家生态旅游发展有何重要意义?

（1）市场竞争激烈，需要主题文化。中国的旅游市场已经从“卖方市场”转为“买方市场”，市场竞争更为激烈，旅游市场发展走向高度细分化和需求个性化。商家要想从多变的市场中取胜，必须推出极具特色的旅游产品，其中特色的主题文化是赋予旅游产品永存生命力的杀手锏，是商家在激烈的市场竞争中立于不败之地的保障。

（2）个性需求差异，呼唤主题文化。旅游过程是一种审美愉悦和审美情趣变化的心理消费过程，也是一种满足生理需求的活动，以及一定社会培育出来的旨在满足某种特殊人群社会需要的活动。游客在年龄、职业、民族、生活习惯、文化水平、兴趣爱好、经济收入等方面均存在着明显差异，导致其心理及生理需求存在明显不同，因此，对旅游产品需求方面也存在异同。呼唤相应的主题文化，以满足游客个性化的多元需求。

（3）旅游发展趋势，渴求主题文化。旅游发展的核心竞争力就是要不断提高旅游地吸引力，而旅游地吸引力的大小就在于“异化”、“强化”、“精神”的力度，而这种异化基因、强化基因和精神基因所产生的效应就是旅游所特有的作用。而文化又是这三种基因的关键所在，将丰厚的旅游文化资源凝练和升华，形成主题文化是旅游发展的大势所趋。因此，无论旅游度假区的具体形式是以民族文化为主，还是以休闲度假或科普、疗养为主，未来必须是朝着主题化方向发展。

12. 生活方式变革使农家生态旅游有什么样的新趋势？

农家生态旅游作为一种与人类回归大自然、回归本真生活的梦想相吻合的旅游活动方式以及旅游产品，它对生活在都市之中的人们的吸引力不是在减弱而是在增强；农村作为自然与人类相处比较和谐的一个过渡地带，其独特魅力正在日益体现出来；农村所特有的休闲度假属性和功能，也使它颇受城市人群青睐。尤其对西部地区的许多地方来说，开展农家生态旅游，能够有效地利用现有的土地资源和人力资源，促使当地尽快脱贫致富，不失为农村产业结构调整之中一条切实可行的路子。而随着社会发展步伐的加快和城乡之间差距的缩小，农村的面貌将日益改变。这样，不管是比较传统的农村还是比较现代的农村，都能够对城市人群产生各自不同的吸引力，都可以开发出各具特色的乡村旅游产品。国外和国内的旅游发展轨迹表明，农家生态旅游不仅是一个产业构件，更是一项社会职能，它是推进农村社会、经济、文化的重要抓手和有力途径，是促进农村快速发展的引擎。农家生态旅游的泛生活化，即农家生态旅游构成了整个农村产业体系中密不可分的一部分，同时，农家生态旅游也越来越成为旅游者选择的旅游产品；农家生态旅游的原真性和本土化，即追求原汁原味的自然人文环境和农村生活原境；农家生态旅游的高级化，即农村旅游产品的多样性、创意性及旅游服务的高端化。

中国是个农业大国，具有发展农家生态旅游的资源优势，市场巨大，前景广阔。随着我国全民休闲时代的到来，旅游从横向发展向纵深开发，未来的中国不仅是旅游大国，而且也应该成为世界农家生态旅游大国，农家生态旅游业将不仅在数量上得到长足发展，也必然在质量上实现强化提升，创新型、运动型、度假型、养生型等众多深度开发产品也将给农家生态旅游的游客带来更广泛和全面的体验和感受，从而不断推进农家生态旅游向深度和广度发展，成为构筑中国旅游业的重要基石。

13. 我国农家生态旅游有什么样的发展趋势?

目前我国农业旅游的发展已成气候，产生了广泛的社会影响，并且形成了以下几个发展趋势：

（1）地方政府主导的力度明显加大。很多地区已经把农业旅游纳入旅游业发展的总体规划，作为旅游业新的增长点着力进行扶持和培育。还有一些地方出台了专门政策来扶持农业旅游的发展。从发展过程上看，在农业旅游发展的初期，政府应该把农业旅游作为促进农村发展的手段，在资金、宣传促销、基础设施建设、培训、规划乃至管理等方面进行适度的干预和扶持；在农业旅游初具规模后应适时推进农业旅游的发展模式，即由政府主导型向市场驱动型转变，逐步使农业旅游项目的开发建设走向市场，鼓励农民成立相关民间团体、协会等组织以取代政府直接管理农业旅游的职能，保证农业旅游的发展能够真正有利于当地居民的利益和经营者的利益，促进经济、社会、生态三大效益的统一。

（2）规范化程度不断加大。为了进一步推进农业旅游的规范化发展，质量技术监督局正在着手出台地方标准，为以“农家乐”为龙头的农业旅游产品的推出提供了一整套的可操作性较强的规范，为农业旅游项目走上标准化之路迈出了扎实的一步。

（3）农业旅游景区（点）的体验性和参与性越来越强。优美的自然环境、独特的民俗风情、浓郁的乡土气息是农业旅游的吸引力所在，也是农业旅游得以快速发展的重要原因。随着体验经济时代的到来，游客在旅游中积极参与的愿望变得越来越强烈。而在农业旅游中，增强旅游项目的体验性和参与性，正是吸引游客、提高重游率的重要手段。江苏省内的很多农业旅游区（点）都把体验性和参与性的旅游项目作为自己的开发重点，目的就是要增强农业旅游区（点）的吸引力和增加游客在农业旅游区（点）的停留时间。

（4）综合性农业旅游景区（点）的比重日益加大。从农业旅游的发展程度来看，目前国内游客比较热衷参与和重游率较高的农业旅游形式还是以“住农家屋、吃农家饭、干农家活、赏农家景、体农家味”为特征的民俗风情型的农业旅游，由此可见，大众所喜闻乐见的农业旅游模式仍然是以农业观光和休闲农业为主。但随着农业旅游活动的深入开展，各种类型的农业旅游资源形式纷纷涌现，一些地区在新开发农业旅游项目的时候也越来越把农业旅游区（点）的差异化作为一个主要问题来抓，目前农业旅游的形式已经在向融观光、考察、学习、参与、康体、休闲、度假、娱乐等为一体的综合型方向发展。

（5）投资多元化趋势日益明显。这些年农业旅游的发展备受各界关注，都在期待着其有良好的产业发展前景。随着农业旅游市场的日益扩大，投资主体日益趋向多元化。既有农民的个体或合伙经营，也有村镇集体投资经营，还有一些较有实力的公司、集团等也纷纷介入农业旅游开发中来。投资主体的多元化，以及随之而来的经营管理方式的差异化，使多种类型的农业旅游区（点）满足了不同类型旅游者的需求，为农业旅游向深度发展打下了坚实的基础。

参 考 文 献

巴特·兰布雷特.2008. 多中心化对提升大都市区竞争力的利与弊——以荷兰兰斯塔德地区为例［J］. 国际城市规划，23（1）：41-45.

包庆德.1998. 起源与变迁：人类的生态和生态意识扫描［J］. 内蒙古民族师院学报（3）：45-49.

鲍蕊.2007. 文化内涵与我国乡村旅游的发展［J］. 绵阳师范学院学报，26（3）：100-102.

蔡碧凡，夏盛民，俞益武.2007. 乡村旅游开发与管理［M］. 北京：中国林业出版社.

曹洪珍.2007. 英国乡村旅游发展及其启示［N］. 中国旅游报，2007-1-12（9）.

曹林奎，施月欢.2007. 国外农业旅游发展透视［J］. 江苏农村经济，（12）：69-70.

曹瑞琴.2008. "农家乐"旅游的现状及发展对策［J］. 甘肃科技（2）.

陈国权.2005. 赴法德意三国农业旅游考察见闻［J］. 上海农村经济，（12）：35-38.

陈海鹏.2009. 新农村建设视角下的乡村旅游开发研究［J］. 安徽农业科学（27）：13 333-13 335.

陈晓燕，田菲.2005. 生态旅游农业发展前景广阔［J］. 中国农业信息（10）：11-12.

陈修岭.2009. 山东农业旅游经济发展研究［J］. 山东工商学院学报（1）.

陈宗元，钱晶.2008. 科学发展江苏休闲观光农业［J］. 江苏农村经济（9）.

崔娜娜，周申立.2005. 观光生态农业在生态农业旅游中的应用研究——以北京留民营的发展为例［J］. 四川地质学报，25（4）：246-249.

邓爱民．2006．对我国发展农家生态旅游的思考［J］．财贸经济（5）．

邓金阳，张曜启．2007．美国乡村旅游发展［J］．林业经济问题，27（4）：335－340．

丁红．2008．罕见的传统庶民建筑——日本白川乡合掌村［N］．光明日报，2008－12－20（8）．

董云英．2003．论生态存在与生态意识［J］．韶关学院学报，24（4）：101－105．

方瑞贤．2006．乡村旅游——旅游业发展的新趋势［J］．台湾农业探索（4）：47－50．

方增福．2000．乡村旅游规划的基本原则与方法［J］．玉溪师范学院学报，16（6）：25－27．

冯冈平，雷程仕．2008．广东乡村生态旅游供需现状及管理优化策略［J］．消费经济（1）．

扶蓉．2008．农家乐休闲旅游业可持续发展模式研究——以湖南长沙为例［J］．商场现代化（28）．

付堃．2009．独具特色的爱尔兰民宿［J］．沧桑（5）：103－104．

傅德荣．2006．国外乡村旅游的发展现状和趋势［J］．小城镇建设（7）：97－98．

郭焕成，孙艺惠，任国柱，吕明伟．2008．北京休闲农业与乡村旅游发展研究［J］．地球信息科学（4）．

郭焕成．2004．海峡两岸观光休闲农业与乡村旅游发展［M］．徐州：中国矿业大学出版社．

国珈．2008．陕西乡村旅游发展前景探析［J］．新西部：下半月（12）：39－39，22．

何婉．2006．法美两国乡村旅游的发展和对我国的启示［J］．中共杭州市委党校学报（2）：84－87．

何晓芳．2005．乡村生态旅游规划方法研究［D］．浙江大学硕士学位论文，05．

胡建平．2007．论四川观光农业的发展问题［J］．中国农村小康科技（1）．

胡晓青．2007．现阶段农家乐旅游存在的问题与对策［J］．科技咨询导报（6）．

黄国勤．2007．井冈山旅游生态系统的可持续发展［J］，可持续发展研究

(1)：52－54.
黄国勤，屠莉莉.2008.井冈山及周边地区生态旅游业的发展.中国生态旅游发展论坛（4）：生态旅游实践与出路［M]，中国生态学会旅游生态专业委员会编著，北京：中国环境科学出版社.
黄国勤著.2009.生态文明建设的实践与探索［M］.北京：中国环境科学出版社.
黄小品.2006.区域产业政策与中国农村区域协调发展［J］.北京：中国经济出版社.
黄艳华，张兵，李佳.2006.北美乡村旅游发展特点及对我国的启示［J］.昆明大学学报（2）53－56.
吉根宝.2009.新农村建设新模式：发展乡村旅游——以江苏为例［J］.商场现代化（3）.
纪巧英，吴玉平.2007.浅谈发展农家乐休闲旅游业的思考［J］.福建农业科技（6）.
郑宣卿，郑巧彬.2008.我国休闲观光农业发展策略及前景展望［J］.农业展望，4（11）：19－21.
蒋玲，陈玉成.2008.新农村旅游业发展对生态环境的影响及对策［J］.农业环境与发展，25（6）：46－48.
金茨萍，金一萍，黄郁成.2007.国外乡村旅游的理论与实践［J］.南京社会科学（10）：91－97.
李春茂，明庆忠，胡笃冰.2000.生态旅游环境容量的确定与量测［J］.林业建设（5）：21－25.
李东坡，武志杰，陈利军等.2006.现代农业与新型农业类型与模式特点［J］.生态学杂志，25（6）：686－691.
李海平主编.2006.农家乐旅游与模式［M］.北京：中国高等教育出版社.
李丽娜.2008.西班牙乡村旅游的发展及启示［J］.异域观察（17）：63－64.
李文明，钟永德.2009.我国生态旅游环境教育存在的问题与对策［J］.旅游论坛（3）：340－342.
李焱.2008.北京观光休闲农业恰逢好“时节”［J］.投资北京（8）.
廖静娴.2007.“农家乐”旅游研究综述［J］.内江师范学院学报（1）.

廖军华.2009. 浅析当前我国农家乐旅游的发展［J］. 湖北农业科学（9）.

林辉，金颖若.2009. 国内外乡村旅游发展的对比［J］. 德州学院学报，25（4）：62－65.

刘巧，黄萍.2009. “农家乐”乡村旅游发展的思考——四川省宜宾市的实证分析. 农村经济（9）：57－59.

刘巧玲，管东生.2005. 旅游活动对自然景区的非污染生态影响［J］. 生态学杂志，24（4）：443－447.

刘爽，孙余丹.2008. 浅议乡村旅游规划［J］. 安徽农业科学，36（19）：8 081－8 082，8 090.

刘伟伟，石登荣，刘庆春.2009. 农家乐生态旅游发展与环境保护博弈分析［J］. 环境科学与管理，34（8）：151－155.

刘文敏，俞美莲.2007. 国外农业旅游发展状况及对上海的启示［J］. 上海农村经济（9）：39－41.

刘祥松.2008. 科学引导“农家乐”促进城乡协调发展［J］. 中国乡镇企业会计（6）.

刘营军，于永献.1998. 生态旅游农业的特点及其发展趋势［J］. 农业经济问题，19（2）：53－55.

卢云亭.2006. 中国旅游发展笔谈——如何发展中国特色的乡村旅游（二）——两类乡村旅游地的分类模式及发展趋势［J］. 旅游学刊，21（4）：6－8.

陆仁艳，孙厚超.2008. 浅论乡村旅游中的生态环境保护［J］. 商场现代化，12：260－261.

罗时琴.2006. 贵州乡村旅游新的发展前景和方向［J］. 贵州科学，24（1）：73－76.

马彦琳.2005. 环境旅游与文化旅游紧密结合——贵州省乡村旅游发展的前景和方向［J］. 旅游学刊，20（1）：63－67.

马艳霞，王焱.2003. 以村野文化内涵塑农家乐旅游核心——浅析重庆市农家乐旅游开发现状及发展趋势［J］. 西南民族学院学报·哲学社会科学版，24（4）：228－232.

蒙睿，周鸿.2007. 乡村生态旅游［M］. 北京：种环境科学出版社.

蒙睿.2005. 乡村旅游生态环境保护问题研究［J］. 昆明大学学报，16（B10）：69－73.

蒙睿，周鸿．2007. 乡村生态旅游理论与实践［M］．北京：中国环境科学出版社．

明庆忠，李宏，武友德．2001. 生态旅游环境影响评价初步研究［J］．云南师范大学学报，21（1）：60-65.

江苏省质量技术监督局．2006. 农业旅游、农家乐服务规范（审定稿）［S］．

欧阳勇锋，谈燕君．2008. 乡村旅游规划的共生与有机更新途径——以南宁市伶俐镇渌口坡乡村旅游规划为例．旅游论坛，2（4）：521-524.

潘雄．2008. 从旅游开发规划过程看开发与保护的关系——以澳大利亚拜伦海岸开发为例［J］．昆明大学学报，19（2）：43-45.

彭兆荣．2007. 阳光下的阴影：现代旅游的一种价值隐喻——东南亚旅游发展的思考与案例［J］．创新（3）：5-12.

皮玫瑰，邹新树．2008. “农家乐”产业功能及其可持续发展初探［J］．中国集体经济（10）．

普书贞．2009. 我国开展生态旅游环境教育对策分析［J］．中国西部科技，8（21）：31-33.

秦艳培．2008. 河南省观光农业旅游开发模式探析［J］．洛阳师范学院学报，5：165-168.

沈丹，董波．2007. 英国乡村传统住宅建筑的文化意蕴［J］．住宅科技（6）：60-62.

沈和江，沈绍岭，张秋娈．2007. 都市休闲观光农业旅游的结构布局与开发模式研究——以杭州市为例［J］．商业经济与管理，11：75-80.

孙伟甲．2008. “农家乐”休闲旅游业的发展现状及未来［J］．农业科技与信息（24）．

田丽贞，徐邓耀．2007. “农家乐”旅游发展与新农村建设互动性分析［J］．乐山师范学院学报（5）．

田利民．2004. 乐山市乡村旅游发展的现状与对策［J］．四川省情（10）：34-35.

田艳平，胡传龙．2008. “农家乐”发展的问题与应对策略［J］．现代营销（经营版）（11）．

屠莉莉，黄国勤．2008. 江西旅游业的发展．中国人口·资源与环境，18（专刊）：567-570.

屠莉莉，黄国勤．2009. 浙江舟山群岛海洋旅游业发展研究［J］．海洋信息（2）：28－31.

王鸿飞，唐学君．2008. 乡村旅游的深度开发研究——以栾川模式为例［J］．沿海企业与科技（9）：127－130.

王莉．2007. 农家乐旅游发展研究［D］．河南大学．

王珊珊，梁蓓蓓．2008. 浅论我国生态旅游中的环保法律问题［J］．企业技术开发，27（12）：85－87.

王士荣．2002. 风力致热技术及其应用［J］．农村能源（2）：28－29.

王铄．2007. 中国和英国乡村旅游发展模式比较研究——以英国伦敦东南部乡村和中国武汉木兰山乡村旅游为例［J］．桂林旅游高等专科学校学报，18（2）：219－222.

王素洁，刘海英．2007. 国外乡村旅游研究综述［J］．旅游科学，21（2）：61－68.

王铁．2008. 承德乡村旅游存在的问题和对策［J］．安徽农业科学，36（23）：10 088－10 089.

王秀红．2006. "农家乐"旅游的生态性特点分析［J］．生态经济（学术版）（2）．

王雪．2009. 乡村生态旅游规划的方法与实践［J］．小城镇建设（5）：97-101.

王永强．2009. 欧美国家促进乡村旅游发展的经验与启示［J］．郑州航空工业管理学院学报，27（3）：50－52.

王云才，许春霞，郭焕成．2005. 论中国乡村旅游发展的新趋势［J］．干旱区地理，28（6）：862－868.

王云才．2002. 国际乡村旅游发展的政策经验与借鉴［J］．旅游学刊（4）：45－50.

王韵才，郭焕成，徐辉林．2006. 乡村旅游规划原理与方法［M］．北京：科学出版社．

吴承照．2002. 现代旅游规划设计原理与方法［M］．青岛：青岛出版社．

吴海，计宏伟．2008. 江西乡村旅游发展的现状及对策研究［J］．商场现代化（5）．

吴相利．2006. 欧洲国家农业旅游的基本特征［J］．商业时代（28）：82-83.

谢凤云．2009. 发展农家乐　建设新农村［J］．新西部（下半月）（10）．
谢凤云．2009. 农家乐发展时机性分析［J］．中共伊犁州委党校学报（2）．
幸岭．2008. 云南乡村旅游发展现状研究［J］．经济问题探索（5）．
徐克帅，朱海森．2008. 日本绿色旅游发展及其对我国乡村旅游的启示［J］．世界地理研究，17（2）：102－109.
严力蛟．2007. 生态旅游学［M］．北京：中国环境科学出版社．
严贤春．2004. 生态农业旅游［M］．北京：中国农业出版社．
杨朝乐，叶萍．2007. 替代能源现状与发展简述［Z］．燃烧学学术会议．
杨福泉．2006. 意大利乡村“生态博物馆”对云南乡村文化产业的启示［N］．中国文物报，2006－6－23（5）．
杨桂华，钟林生，明庆忠．2000. 生态旅游［M］．北京：高等教育出版社．
姚亮，刘仲礼．2005. 利用沼气技术有效治理农村面源污染［J］．中国沼气，23（3）：34－35.
姚亮清．2006. 浅析新型能源在新农村建设中的应用［Z］．中国科协年会．
叶宝忠．2009. 乡村旅游开发对策探析．社会主义新农村建设（5）：176－178.
叶齐茂．2008. 美国的乡村建设［J］．环球掠影（9）：74－75.
叶新才．2009. 生态旅游环境教育功能的实现途径研究［J］．四川环境，28（3）：54－57，70.
易银飞．2008. 浅谈我国“农家乐”旅游的发展［J］．企业家天地下半月刊（理论版）（11）．
殷晓晶．2007. 我国乡村旅游的起源、现状及发展趋势探讨［J］．集团经济研究（72）：147－148.
尹衍波．2005. 略谈国外农业旅游的发展［J］．世界农业（8）：14－17.
尹贻梅，刘正浩，刘志高．2003. 生态旅游环境监测系统［J］．国土与自然资源研究（1）：67－68.
俞芬，千怀遂，段海来．2008. 乡村生态旅游规划探讨［J］．现代商贸工业，20（2）：106－107.
张程薇．2008. 浅议农家乐的发展［J］．现代商业（11）．
张刚峰，于薇薇．2003. 意大利特伦蒂诺省的农村合作社［J］．中国农村经济（2）：67－74.

张建雄.2003.关于乡村旅游若干问题的思考[J].大理学院学报：综合版，2（4）：11-16.

张丽芬.2009.“农家乐”乡村旅游的乡村景观规划设计[J].科协论坛（5）：146.

张宁，朱秀秀，宋金平.2009.国外乡村旅游发展模式与经验研究[J].经济研究导刊（25）：160-162.

张奇.2009.生态意识研究概述[J].湖北第二师范学院学报，26（3）：47-49.

张善峰，卓丽环.2008.旅游地生命周期理论指导下的乡村旅游开发策略[J].森林工程，24（2）：84-87.

张学银.2009.乡村旅游的类型探析.管理观察，9：39-40.

赵燕丽，杨学军，司惠萍.2009.生态旅游中主要环境问题及解决途径探讨[J].环境保护与循环经济，29（7）：50-54.

赵永江.2007.农家乐旅游发展探析[J].大理学院学报（S1）.

郑凤萍，丁永义，阎晶.2008.国外乡村旅游发展经验对我国的启示[J].旅游经济（3）：127-128.

郑嬗婷，陆林，章锦河等.2006.近十年国外城市旅游研究发展[J].经济地带，26（4）：686-692.

郑维.2009.浙江乡村旅游创新研究[J].科技信息（3）.

中国神农架网.http：//www.snj.gov.cn/templet/snj/ShowArticle.jsp?id=17075.

钟剑麟.2002.美国农业地区的旅游开发[J].国土经济（4）：44-45.

钟先丽.2009.江西乡村旅游可持续发展的新思路[J].科技广场（8）.

周林，王树进.2008.国外B&B与我国“农家乐”的比较研究[J].农业开发研究（3）：3-5.

周鹏飞，邓艳莉.2006.乡村生态旅游规划设计的理论研究[J].消费导刊（11）：549-550.

朱家威.2007.发展中国特色的乡村旅游业，支援新农村建设[J].林业科技情报，39（1）：104-105.

祝晓农.2008.推进农家乐旅游业发展[J].农村工作通讯（13）.

邹开敏.2008.民宿：休闲度假旅游的一种探索——以江苏周庄为例[J].乡镇经济，24（8）：89-92.

Butler R W. 1980. The Concept of a tourism area cycle of evolution：Implications for management of resources [J] . Canadian Geographer，24 (1)：5 -12.

http：//www. people. com. cn.